职通未来——大学生职业规划与就业指导

主　编　徐庆福　王　莉
副主编　杨　岩　武　静　孙育麟
　　　　张金琦　戴　莉

哈尔滨工业大学出版社

内 容 简 介

本教材以制定大学生职业生涯规划为主线,以寻找人生方向、规划职业与生涯为主要内容,指导大学生树立正确的人生观、价值观和职业观,将生涯规划的意识植入学生的心灵,落实到日常的成长中。为了帮助学生深入了解书中的基本理论和基本方法,本书精选了真实的大学生生涯规划案例和拓展工具,以"课堂训练"为手段,做到理论与实践相结合,深入浅出,论述清晰。本书结合新时代职业与就业市场新形势,让学生真正了解职业环境的新特点、新内涵、新趋势。

图书在版编目(CIP)数据

职通未来:大学生职业规划与就业指导/徐庆福,王莉主编. —哈尔滨:哈尔滨工业大学出版社,2021.9(2023.9 重印)
ISBN 978-7-5603-9661-3

Ⅰ.①职… Ⅱ.①徐… ②王… Ⅲ.①大学生-职业选择-高等学校-教材 Ⅳ.①G647.38

中国版本图书馆 CIP 数据核字(2021)第 180284 号

职通未来:大学生职业规划与就业指导
ZHI TONG WEILAI:DAXUESHENG ZHIYE GUIHUA YU JIUYE ZHIDAO

HITPYWGZS@163.COM
13936171227

策划编辑	李艳文　范业婷
责任编辑	付中英　徐 昕
出版发行	哈尔滨工业大学出版社
社　　址	哈尔滨市南岗区复华四道街 10 号　邮编 150006
传　　真	0451-86414749
网　　址	http://hitpress.hit.edu.cn
印　　刷	哈尔滨博奇印刷有限公司
开　　本	787mm×1092mm　1/16　印张 12.75　字数 210 千字
版　　次	2021 年 9 月第 1 版　2023 年 9 月第 4 次印刷
书　　号	ISBN 978-7-5603-9661-3
定　　价	36.00 元

(如因印装质量问题影响阅读,我社负责调换)

前言

大学生是当今社会宝贵的人才资源,是正在接受高等教育并具有开拓性、创造性、激情和活力的特殊群体,是推动社会进步的重要力量,将被培养成为中国特色社会主义的建设者和接班人。因此,加强对大学生职业生涯规划、就业指导和创新创业教育,能够帮助大学生思考和规划人生,树立远大理想和目标,明确未来职业规划和就业方向,确立正确的人生观、价值观和就业观,提升创新创业意识、精神、思维和能力,进而提升大学生的综合素质和竞争能力,为大学生未来发展创造条件,为我国社会主义现代化强国建设和实现中华民族伟大复兴的中国梦做出更大的贡献。

大学期间是青年学子成长、发展、成才的最重要人生阶段,需要对学业和职业发展进行科学规划,对大学生就业进行指导,开展创新创业教育,并且全面提升大学生综合素质和能力。"大学生职业规划与创新创业教育"系列教材共两册,分别为《职通未来——大学生职业规划与就业指导》和《创赢人生——大学生创新创业教育》。本教材以大学生职业生涯设计为主线,以寻找人生方向、规划职业生涯为主要内容,指导大学生树立正确的人生观、价值观、职业观和就业观,使职业生涯规划的意识深入学生的心灵,落实到日常的成长中。本册教材主要包括四个模块,即大学应该怎样度过——我的未来不是梦、了解社会——外面世界很精彩、正确选择——我的世界我做主、成功属于有准备之人——万里之路足下行。本教材根据"大学生职业规划与创新创业教育"公共基础课的性质,参考新型活页式、工作手册式教材的特点,本着"科学、实用、简明、创新"的原则而编写。为了帮助学生对所学内容产生兴趣,每个模块设有导入语、案例导入。为了帮助学生深入了解书中的基本理论和基本方法,本书精选了大学生真实的案例和拓展工具,以"课堂训练"为手段,做到理论与实践相结合,深入浅出,论述清楚。本书结合新时代职业与就业市场新形势、新情况、新变化,让学生真正了解职业环境的新特点、新内涵、新趋势,把握职业生涯规划设计的步骤要求和求职方法,为"职通未来"做好充分的准备。

本册教材由黑龙江生态工程职业学院二级教授、博士徐庆福,黑龙江旅游职业技术学院副教授王莉主编,由黑龙江生态工程职业学院创新创业教育指导中心杨岩、武静、孙育麟、张金琦、戴莉参编。具体编写分工为:模块一由徐庆福、王莉、杨岩、武静编写;模块二由杨岩、戴莉、武静、张金琦编写;模块三由武静、杨岩、王莉、孙育麟编写;模块四由王莉、孙育麟、戴莉、张金琦编写。本书可作为高职高专学生使用的教材,也可供青年朋友职业生涯规划和求职择业时参考。

本书在编写过程中,参考借鉴了大量有关文献资料,在此向有关作者表示衷心的感谢!由于编者的专业知识、经验、能力和水平有限,加之时间仓促,书中难免出现疏漏和不足之处,敬请广大读者提出宝贵的意见和建议,以便再版时修正。

编者
2021 年 8 月

目　　录

模块一　大学应该怎样度过——我的未来不是梦 　1

单元1　在大学寻找人生方向　3
　1.1　认识大学　3
　1.2　完成角色转变　15
　1.3　规划大学生活　19

单元2　职业与职业生涯规划　26
　2.1　职业　26
　2.2　职业生涯　31
　2.3　职业生涯规划认知　34
　2.4　影响职业生涯规划的因素　38

模块二　了解社会——外面世界很精彩 　41

单元3　认识职业环境　43
　3.1　社会环境分析　44
　3.2　组织（企业）环境分析　47

单元4　探索工作世界　51
　4.1　了解专业　51
　4.2　专业与职业　54
　4.3　专业和兴趣　55

单元5　准备职业未来　60
　5.1　职业信息的收集　61
　5.2　职前实习　62
　5.3　培养职业素质　65

模块三　正确选择——我的世界我做主 　73

单元6　探索自我　75
　6.1　自我概念　75

  6.2 培养兴趣 ··· 80
  6.3 发掘职业性格 ··· 92
  6.4 提升能力 ··· 100
  6.5 探索价值观 ··· 108
 单元 7 职业决策与行动 ··· 118
  7.1 职业决策的概述 ·· 119
  7.2 职业决策的流程 ·· 123
  7.3 职业生涯规划 ··· 125

模块四 成功属于有准备之人——万里之路足下行 ············ 129

 单元 8 了解就业形势 ··· 131
  8.1 目前大学生的就业现状 ·· 132
  8.2 影响大学生就业的因素 ·· 136
  8.3 我国目前的就业政策 ··· 139
 单元 9 就业心理与就业观 ·· 146
  9.1 保持良好的就业心理 ··· 147
  9.2 树立正确的就业观 ·· 153
 单元 10 掌握求职方法 ··· 158
  10.1 简历 ··· 159
  10.2 笔试 ··· 163
  10.3 面试 ··· 165
 单元 11 就业流程与权益保护 ······································ 174
  11.1 就业流程 ··· 175
  11.2 就业协议与劳动合同 ··· 178
  11.3 求职陷阱与防范对策 ··· 189

参考文献 ··· 194

模块一　大学应该怎样度过——我的未来不是梦

 导入语

　　人生的多数时间是在职业生涯中度过的,职业生涯的成败对人生发展有着决定性的影响。个体的发展、家庭的幸福,往往要通过职业来实现。为大学生学业发展和求职择业创造条件是大学教育的重要任务,在态度层面上,大学生应建立职业生涯发展的自主意识,树立正确积极的人生观、价值观和科学的就业观,愿为个人的生涯发展付出努力;在知识层面上,应该清晰地认识自身特性、工作世界状况、职业特性和环境、专业与职业的关系、未来工作发展趋势等;在技能层面上,应该掌握自我探索、生涯决策、行业分析等技能。毕业走上社会获得一个有成就感和自我实现感的职业生涯,才能在职业生涯中适应发展,施展才华,实现自我价值,服务社会。大学是人生中非常重要的时期,是丰富思想、积累知识、增加技能、提升素质的关键阶段,也是大学生正式进入职业生涯的准备阶段。大学是一座知识、能力、文化和精神的宝库,有着丰富的学习资源,如何度过美好的大学时光,如何在大学中寻找到人生的方向,如何不负青春、不负韶华、不负使命,实现自己的人生梦想,进而为实现中华民族伟大复兴的中国梦不懈奋斗,是每个大学生应该认真思索和明确回答的问题。

单元 1 在大学寻找人生方向

案例导入

三个工人在砌一堵墙。

有人过来问:"你们在干什么?"

第一个人没好气地说:"没看见吗?砌墙!"

第二个人抬起头来笑了笑,说:"我们在盖一幢高楼。"

第三个人边干边哼着歌曲,他的笑容很灿烂:"我们正在建设一座新城市。"

十年后,第一个人在另一个工地上砌墙;第二个人坐在办公室中画图纸,他成了工程师;第三个人呢,成为前两个人的老板。

请思考:

这三个人为什么会产生如此大的人生差距?

1.1 认识大学

1.1.1 大学的起源

大学(University、College)是实施高等教育的学校的一种,是一种功能独特的组织,是传承、研究、融合和创新高深学术的高等学府。它不仅是人类文明发展到一定阶段的产物,还在长期办学实践的基础上,经过历史的积淀、自身的努力和外部环境的影响,逐步形成了一种独特的文化。现代大学从产生到今天已有上千年的历史。中国现代大学源起于西方,现代西方大学又是从欧洲中世纪大学、英国大学、德国大学再到美国大学这样逐渐演化过来的。无论哪一个时代的大学都是对以前大学的创造性继承而不是否定。"大学"一词源自拉丁文的 universitas magistrorum et Scholarium,它的大致意思是"教师和学者的社区"。

古埃及、古印度、古中国等都是高等教育的发源地,古希腊、古罗马、拜占庭及阿拉伯国家都建立了较完善和发达的高等教育体制。虽然许多教育史家把上述地方的高等学府也称为大学,但严格地说,它们不是真正意义上的大学。

1088 年,意大利建立了第一所正规大学——博罗尼亚大学,它是欧洲最著名的罗马法研究中心(也被称为"母大学",是一所学生大学)。随后,欧洲各地相继出现了大学。巴黎大学由巴黎圣母院的附属学校演变而来,1200 年法国国王承认巴黎大学的学者具有合法的牧师资格,有司法豁免权(巴黎大学是第二所大学,是一所先生大学)。

世界范围内的现代大学,起源于 19 世纪初,是指启蒙运动以后经过理性主义改造,特别是指以德国洪堡创办的柏林大学为代表的新型大学。一般认为,1809 年德国柏林大学的创立标志着现代意义上的大学的诞生。现代大学与中世纪大学的根本区别在于大学职能的转变。中世纪大学是传授已有知识的场所,将研究和发现知识排斥在大学之外,而现代大学则将科学研究作为自己的主要职能,将增扩人类的知识和培养科学工作者作为自己的主要任务,推崇"学术自由"和"教学与研究的统一"。柏林大学精神推动了德国科学事业的发达昌盛,19 世纪初到 20 世纪初德国成为世界科学的中心。这一思想对世界高等教育也产生了深远影响,为近代大学的形成奠定了基础。

亚洲范围内,成立于 1877 年的日本东京大学,是亚洲创办最早的大学之一。

中国大学的起源是北洋大学堂,当年中国在中日甲午海战中惨败后,变法之声顿起,天津中西学堂改办为北洋大学堂,标志着中国近代第一所大学诞生。也有不少学者认为位于上海的由圣约翰书院演变而来的圣约翰大学(诞生于 1879 年)是中国近代第一所大学。随着一些学者对中国近代高等教育史研究的不断深入,大家逐渐发现,中国近代最早的教会大学是位于山东的由登州高等学堂演变而来的齐鲁大学(诞生于 1864 年)。1898 年戊戌变法,京师大学堂成立,是为中国近代第一所国立大学和综合大学。

欧洲中世纪大学的产生与当时的宗教教育有着密切的联系,它的理念是追求一种超国界的精神世界,以教化人的心灵为目的。

英国大学的理念也主要是以培养有教养的绅士为目的。在 19 世纪中叶的英国教育家纽曼的眼中,大学的目的在于"传授"学问而不在于"发展"知识,即大学是一个"教学机构",而这种学问传授的目的在于培养绅士,主要培养人的价值观。

在英国发展大学的同时德国也开始发展大学教育。德国著名学者洪堡等人认为,大学不仅是要传授知识,即培养人的价值观,重要的是还应"发展"知识,也就是说教师的首要任务是自由地从事"创造性的学问"。德国大学的理念,比起英国大学的理念更具有先进性。

到 20 世纪 30 年代,在美国大学的先驱者弗莱克斯纳的努力下,英国和德国大学的传统在美国得到了发扬,而美国大学的理念则发展为人才培养、科学研究和社会服务。

洪堡把大学界定为"以纯知识为对象的学术研究机构。而纯学术的研究活动正是大学孤寂和自由的存在形式的内在依据。据此,大学应有一种精神贵族的气质和对纯粹学术的强烈追求,而不考虑社会经济、职业等种种实际需要"。美国著名教育家弗莱克斯纳说:"我一向主张大学与现实世界保持接触,同时继续保持不承担责任……工业界已经发展了利用纯科学研究的方式,因此它不需要大学的实用性,如果社会科学要作为科学来发展,它们就必须脱离商业行为、政治行为以及这样那样的改革。"英国教育家纽曼认为:"大学教育应提供普遍性的知识(具有普通意义的真理)和完整的知识,而不是狭隘的专业知识。"他所说的知识既包括具体的科学真理,也包括经过抽象、被科学化了的哲学知识。

1.1.2　大学使命

大学的使命是培养的学生首先是有高尚品格的、有教养的人,这样符合大学的本质。这个使命是指培养学生完整的人格、净化学生的心灵、修养学生的品行、锻炼学生对事物进行批判的能力,而不是仅仅对学生进行专业教育。正如英国著名教育理论家纽曼所认识到的:"从功利派的论点中看到了真正教育的死敌。新大学在功利派理论的指导下,更看重的是专业培训而不是文化要求,是考试及结果而不是心理过程,是对事实的被动获取而不是心智的一般活动。"纽曼所指的"新大学",是违背了大学的逻辑而将把市场经济的逻辑和政治的逻辑当作它的使命来运行的大学。

1.1.3 大学章程

大学章程是大学的权力机构为了保证大学独立地位,根据高等学校设立的特许状及国家或地方政府的教育法律法规,按照一定的程序制定有关大学组织性质和基本权利的并且具有一定法律效力的治校总纲领。高等学校章程具有法的属性,是在遵守法律规定的前提下运用民主的方式制定出的规范性文件;是公法领域的法,是规范大学依法履行教育职能而制定的具有公共职能的规范性文件;体现为政府和学校的协商性,以建立现代大学制度、提高办学效益和实现办学自主权的法律化为目标。大学章程功能为:一是通过一系列详细说明和明确规定使大学内各种行动具有可信度和一致性,是约束参与者的协商性契机;二是大学组织行动的模板,是大学组织、其成员和过程的象征,是大学自身特定的大学精神、大学传统、大学气质与大学目标的结晶;三是历史的承载者,是知识的储备所。大学章程保存了大学处理问题的经验,通过一系列的经验而得以演变。

1.1.4 大学特点

1. 突出办学理念

先进的办学理念是大学的灵魂,是大学发展的理想愿景和持久追求。大学理念是大学的"精气神",反映大学的历史传统、精神底蕴和价值追求。例如,蔡元培先生提出"循思想自由原则,取兼容并包主义"。《柏林洪堡大学宪章》认为其大学理念是"坚持研究与教学的统一、学生与学者的共同体、学术自我负责和自主管理的原则。因为学术离不开自由,自由离不开责任。"《东京大学宪章》描述东京大学的学术理想是"努力使自己建设成世界一流的学术研究机构,并且培养出有全球性发展眼光的知识分子,这些知识分子将为实现一个没有偏见的社会,为促进科技进步和创造新文化做出贡献"。

2. 实现教育价值

教育责任是大学的首要社会责任,育人功能是大学的本体功能。"大学之道在明明德,在亲民,在止于至善。"大学只有明其德、求至善,才能培养一代又一代的优秀学生。大学通过"明德""正道"和"求善"才能引领和示范一个民族文化基因的形成和传承。大学正是通过价值引导、目标激励、行为规范、素质提升等多种方式发挥综合育人的作用。大学教育在本质上是人的教育。因此,高等教育的最重要目标,不仅在于培养出多少具有先进知识的人才,更重要的关注教育对象的精神、心灵、人格的塑造,培养具备良好道德情操和人格素质的社会成员,大学在学生的专业知识与人格发展两个方面都具有同等的责任.

3. 引领科技发展

科技创新是提高社会生产力和综合国力的战略支撑,而大学是推动科技发展的重要引擎和创新源泉,这是大学的历史使命。中国经济社会快速发展转型,对一流创新人才提出了迫切的需求。大学承担着人才强国的历史重任,通过建立科学的人才培养体系,打造引领未来科技创新、经济发展和社会进步的人才资源。中国大学不仅为社会培养科技人才,还积极发挥科技创新的功能,成为国家创新发展的重要引擎。航天、电子、软件、互联网等技术和产业革命,中国的大学都发挥了重要的价值。

4. 实施科学管理

"政校分开、管办分离"是现代大学制度的基本原则,这是落实大学法人地位、保障大学自我管理的客观需要。实施"学者参与、民主决策"是管理大学事务尤其是大学学术事务的普遍做法,在国外,学术评议会、学术委员会是民主管理的主要形式。《剑桥大学章程》规定学校设立"学部总委员会"作为最高学术决策咨询组织,统管大学的学术和教学工作。其下设学部分委员会、学院分委员会和学系分委员会,负责各学部、学院和学系的教学研究工作。此外,设有30余个专门委员会,如教学委员会、本科生招生委员会等,负责对学术事务决策提供咨询和监管。诸多层级和种类的委员会为教师有效参与民主管理和学术决策提供了条件。

1.1.5 大学文化

大学文化是大学在长期办学实践的基础上逐步形成的。人类最早的大学可以追溯到古希腊、古罗马,距今已有2 500多年。柏拉图倡导的"哲人治国"理念、亚里士多德倡导的"自由教育"思想,共同开创了人类探索大学理念及其办学规律的先河。西方近现代大学从英国纽曼"崇尚人文,注重理性"的大学理想,到德国洪堡"教学与研究相统一"的崭新理念,到美国"融入社会,多元开放"的理念创新,再到联合国教科文组织"着眼未来,引领社会"的新理念,经历了一个不断的文化觉醒和理念创新的过程。

大学文化是以"大学人"为主体积淀和创造的。大学文化的形成是人类文化历史积淀和外部环境深刻影响的结果,但主要是以大学领导、教师、学生和管理人员为主体的"大学人"在长期的办学实践中经过顽强的努力积淀和创造的。其中,最主要的是由具有人格魅力、学术造诣深厚、善于治学育人的学术大师和具有远见卓识、独到办学理念、善于科学管理的优秀校长创造的。无数实践已经证明,学术大师和优秀校长是大学文化人格化的象征。谢和平教授指出:"大学文化是由一个特殊的社会群体'大学人',在对知识进行传承、整理、交流和创新的过程中形成的一种与大众文化或其他社会文化既相联系又相区别的文化系统。"

大学文化以知识及其学科(专业)为基础。知识及其学科(专业)是大学存在的组织基础,这是大学区别于其他社会组织的一个根本特征,也是大学文化区别于其他社会组织文化的一个根本特征。以知识及其学科(专业)为存在的组织基础这一根本特征,决定了大学办学的两个重要特征:第一,从内部来说,要求大学以着眼未来和探究真理为己任,成为高度分权的有机体,以文化(学术)机制作为自己运行的主导机制,以理性和学术价值作为自身追求的基本价值;第二,从外部来说,要求大学以学术自由作为维持其活力的源泉,应当比社会上的其他部门享有更高的自治权力,而大学组织内部比较松散的结合正是其生存和发展的重要条件。

大学文化是本土文化与国际文化相互交融的结果。大学从诞生之日起,其精神气质就是海纳百川和多元文化的交融,大学正是在这种多元文化的相互交融中不断地向前发展着。当今世界,文化与经济、政治的相互融合,促使文化的力量越来越深地熔铸于民族的生命力、创造力和凝聚力之中,文化在综合国力竞争中的地位和作用越来越突出。因此,在当代,大学文化必然是本土文化与国际文化相互交融的结果,是本土性与国际性的辩证统一。

1.1.6 大学的意义和作用

1. 大学的意义

大学是什么,大学给我们带来什么?这是很值得思考的问题,也是大学生应该弄清楚的最重要的问题之一。

《大学》中写道:"大学之道,在明明德,在亲民,在止于至善。"意思是高层次的学问,在于弘扬光明正大的品德,在于使人弃旧图新,在于使人达到最完善的境界。这里谈到的"大学",是指大人之学,是君子之学,是走向人生大道的学问。能开始研习"大学",意味着心理成人的开始,要求遵守君子之德,开启光明大道的修行。这一点和现在的"大学"概念不同,但从内涵上有着一致性。习近平总书记在北京大学师生座谈会上,专门提到了这句古语,提醒全国所有已经迈过18岁、完成成人礼仪式的青年学生,应该做一个心性光明、行为努力、目标远大的成年人。

大学给予我们充足的时间和实践去认真思考什么样的人生才有意义,让我们重塑世界观、人生观、价值观。总之,大学是让我们脱胎换骨,从幼稚走向成熟的精神殿堂。

(1)大学是一个新起点、一种新视野。

因为进入大学,终于放下高考的重担,开始追逐自己的理想、兴趣。这是作为大学生的你离家后,独立参与团体和社会生活。在这里不再单纯地学习或背诵书本上的理论知识,第一次有机会在学习理论的同时亲身实践。在这里不再由父母安排生活和学习中的一切,而是有足够的时间自由处置生活和学习中遇到的各类问题,支配所有属于自己的时间。大学阶段可能是你人生中最后一次有机会系统性地接受教育;可能是你最后一次能够全心建立自己的知识基础;可能是你最后一次可以将大段时间用于学习的人生阶段,也可能是最后一次可以拥有较高的可塑性、集中精力充实自我的成长历程。大学也许是你最后一次能在相对宽容的、可以置身其中学习为人处世之道的理想环境。所以说,大学是人生的关键阶段。习近平总书记于2014年五四青年节在北京大学寄语青年:"青年又处在价值观形成和确立的时期,抓好这一时期的价值观养成十分重要。这就像穿衣服扣扣子一样,如果第一粒扣子扣错了,剩余的扣子都会扣错。人生的扣子从一开始就要扣好。"这个阶段怎样处理好理想与现实、权利与义务、个人与集体、竞争与合作、自由与纪律、尊重与平等、友谊与爱情、学习与工作等关系,怎样做人,怎样做事,怎样做学问,过怎样的生活,有怎样的人生追求等,这一系列的人生课题,都需要大学生们自己去观察、思索、实践和选择。

（2）大学是一个大平台、一种新生活。

大学为我们继续获取知识、训练技能、发挥潜能、展示才华提供了更大的平台。

大学是一个全新的学习平台。大学和高中学习有很大的不同,大学的学习更主动、更独立、更开放、更注重学习能力和创造性潜能的开发,以及为人处世、人格修养和生活能力的提高;高中学习以各门学科的基础知识为主要内容,而大学学习则更突出专业性和实践性,为走向社会、服务社会做必要的准备。概括地讲,同学们进了大学,基本上要面临学习观念的五大转变:一是由依赖型学习观向自主型学习观转变。依赖型学习观指的是一种学习上无自立性、无主动性,呈现被动、依赖等品质和特征的学习观。自主型学习观也称为主体型学习观,表现为自觉地、能动地、有目的地从事学习活动,能个性化地学习、创造性地学习等。二是由知识型学习观向智力-能力型学习观进而向人格型学习观转变。知识型学习观是一种重知识、轻能力,重理论、轻实践的传统学习观。智力-能力型学习观强调既重学习者能力的提高和智力的开发,又重学习者职业适应能力与职业发展能力的提高,它满足了现代社会能力本位人才观对学习所提出的要求。人格型学习观不仅重视知识和能力的相互促进和共同提高,而且更重视受教育者人格的健全发展,它要求"千学万学,学做真人"。三是由封闭型学习观向开放型学习观转变。封闭型学习观是一系列"以课堂为中心、以课本为中心、以教师为中心"的学习观的总称。开放型学习观则是与之相对立的一种面向社会、面向生活,多层次全方位开放的学习观。四是由学会型学习观向会学型学习观转变。学会型学习观是一种"教什么学什么,学什么会什么"的观念,它用"学懂""学会"来回答学习上的"学得如何"的问题,往往突出了实用,而忽视了创新。会学型学习观不仅包括"学懂""学会",而且还用"懂学""会学"来回答学习上"如何学"的问题。古人说:"授人以鱼不如授人以渔。"说的就是要学会学习,要讲究学习的方法,要善于学习。五是由传承型学习观向创造型学习观转变。传承型学习观表现为重视学习在继承人类文化成果、传递生活经验方面的独特作用,但却忽视了学习者在学习过程中的探索、发现和创造,即创造性的培养。创造型学习观从适应与发展两大任务出发,既强调继承与适应,又强调创造与发展。

（3）大学是一个全新的生活舞台。

大学生进了大学，新的学习环境、新的生活环境、新的人际环境，为他们展开了充满希望和挑战的全新的生活。大学时代是大学生迈入真实社会前的一次彩排。同时，大学生活的经验是很重要的，它可以帮助大学生习得竞争力、适应力、创造力、自控力、交往力、表达力、自学力等诸多方面的实践能力。为了提高这方面的能力，大学里的竞争也是相当激烈的，比如，学生在中学时代可能并不热衷于学生会、社团，但是大学里应该进入学生会或社团，以锻炼自己。学生社团是学会独立、适应社会和展现自己的舞台。自立是一门重要的学科，特别是独生子女，独立意识比较差，进入大学要和来自不同地域，具有不同习惯、不同文化的同学一起相处，更要学会自立行事。而学生社团是大学里自我修炼的最佳舞台。学生社团是大学生依据自己的兴趣和爱好而自愿组成、按照章程自主开展活动的学生组织，是大学生自我教育、自我管理、自我服务的重要阵地。学生社团凭借其"社团精神"和丰富多彩的社团活动，越来越受到师生的喜爱，成为校园文化亮丽的风景。同学们通过有选择性地参加一些社团组织，通过参与、组织和策划各类社团活动锻炼和提高自己各方面的素质，促进自己成长。通过参与社团活动，大学生可以学到一些沟通能力，而且社团更像一个微型的社会，该怎么与他人交往？该怎么适应？其间要学会怎么处理好自己的利益和别人的利益之间的关系……社团为即将踏入社会的大学生提供一个很好的彩排机会。另外，担任学校院系学生干部也是快速提高自身各方面素质的一个非常有效的途径，但不要仅以"当官"和获取"就业资本"为目的，否则会迷失自我。要广交朋友，构建人脉，走向社会的舞台。有人把成功的过程比喻成织网，社交圈越来越大，朋友越来越多，就越接近成功。现在社会分工越来越细，工作压力越来越大，一个人靠单打独斗取得成功越来越难。良好的人际关系是走向成功的要素，人际关系也是一种资源，会利用这种资源的人才会取得成功。

大学是各类学识渊博、不同学科知识分子的聚集地，除此之外，也会聚了富有激情、敢于挑战、思想活跃、来自五湖四海的同学。在这里可以建立起自己最初的人脉关系。在大学期间所建立起来的良好师生关系和同学关系，往往也会成为今后职业发展中的重要资源——人脉。因此，大学期间要广交朋友，不要把自己封闭在宿舍的小圈子里,也不要只同和你性格相似的人交往,认为有共同语言,其实更重要的是和其他类型的人交往,了解他们的经历、思维习惯、爱好,学习他们处理问题的模式,了解社会各个角落的现象和问题。

(4) 大学是触摸梦想、设计未来的空间。

大学生活将是生命里美好的回忆。可以拥有美丽的爱情、多彩的活动、深夜里的卧谈会、睿智的老师、可爱的同学……当然,最重要的是终于可以在这里学习想要接触的科目,在这里能够触摸到自己的梦想,感受到心灵的激情,为自己树立一个目标并且为之前行。

(5) 大学是独立思考、品味人生的摇篮。

走过大学时光会发现,其实最值得珍惜的不是掌握的知识,不是学会的社交能力,不是所拥有的关系而是曾走过的这段人生。好好去品味这段人生,只要认真去品味大学时光,一定会获益匪浅的。在大学可以独立地感知社会、感悟人生,虽然大学生活有苦有累,但更多的是乐在其中。

(6) 大学是一种精神、一个人生追求。

大学最吸引人也最为世人津津乐道的东西之一就是大学精神。大学精神既深藏于大学之中,又游离于大学之外。它给大学注入了生命活力,使大学不仅是教学楼、图书馆、林荫道等冷冰冰的建筑群落,也不仅仅是人才的集散地,而是人、思想、价值观念、理性思考、创新、智慧与博大胸怀的代表。大学虽不能直接赋予我们职业、态度、思想、信念和幸福,但大学精神却会潜移默化地滋润我们的精神、信念和信仰,使我们经历一种无形的洗礼和熏陶,这种影响虽然无声,但却往往是持续终身的。梁漱溟在论述北大精神时说:"彼此质疑,相互问难,兼容并包,追求真理。在这种气氛中,怎能不奋发向上?"大学精神潜移默化的影响,将使我们更深刻地体会生命的尊严和人生的价值。

2. 大学的作用

国家的兴衰与大学的兴衰是紧密相关的。一个国家的实力有两个方面,一种是"硬实力",另一种是"软实力","软实力"的核心和重点就是大学的兴衰。在当代,没有众多的高水平的大学就不可能成为世界级大国,没有一批世界级大学就不可能成为世界级强国。历史还反复证明另一个真理,世界级大学是在竞争中拼搏出来的。尤其是20世纪90年代中期以来,人类社会正在逐步进入以政治多极化、经济全球化、文化多元化和信息网络化为主要特征的崭新时代。在这个新的时代背景下,世界范围内掀起了新一轮高等教育国际化的浪潮,各国进一步走向世界,在本土化的基础上通过竞争加速实现国际化的进程,普遍提高众多大学的文化品位、办学水平和教育质量,创建一批世界级大学。这种状况表明,当今世界各国大学正处于激烈竞争的环境之中,这场竞争是在世界范围里进行的。作为一所大学,其竞争力可以分解为众多的因素,如办学理念、课程和学科(专业)设置、教师素质、学生来源、硬件设施、管理制度、校园环境、资金投入、贡献大小、社会声誉等等。如果对这些因素做进一步的分析,主要凝聚在大学拥有的深厚的文化底蕴之中的大学文化是大学核心竞争力之所在,是大学赖以生存、发展和承担重大社会责任的根本。具体地说,大学文化核心作用力主要包括四个方面。

一是凝聚力。由于知识及其学科(专业)是大学存在的组织基础,大学的这一根本特征决定了大学是一个高度分权的有机体,它既是"高度分权"的,即以学术权力为基础,又是一个"有机体",即在"高度分权"的基础上形成一个有机的整体。因此,作为人类文明的精神家园,大学办学需要一种崇高的精神境界,有一个共同信奉并付诸实践的价值理念,它集中地体现在大学的办学理念和价值追求之中。这是一种巨大的精神力量,是大学发展的灵魂,它必将把大学师生员工凝聚成为一个坚强有力的整体,为实现大学的崇高理想而顽强地奋斗。

二是教育力。大学从诞生之日起就把教育责任作为自己必须承担的永恒的第一社会责任,教育的本质是通过大学文化的科学内涵文化使个体社会化的活动,"以人为本"是一种教育哲学观,在个性得到充分发展的基础上使作为"个体"的人实现社会化,成为社会所需要的人是教育活动的基本要求,文化的传承、内化和创新是教育"使个体社会化"的基础,文化育人是教育本质的核心和一个复杂的心理发展过程,教育活动的崇高目标是促使作为"个体"的人和作为"整体"的社会得到全面、和谐、可持续的发展。由此可见,大学的教育力主要来自"以人为本"的教育哲学观、"文化育人"的科学理念、大学拥有的深厚的文化底蕴和通过文化内化实现文化的传承、创新过程之中。

三是创造力。作为思想最活跃、最富有创造力的学术殿堂和新思想、新知识、新文化的策源地,在传承文化的基础上创新文化是大学的本质要求。大学创造力的主体是教师和学生的创造力,大学的创造力主要来自于一种超凡脱俗的文化品位、独立品格和价值追求、"求真务实"的科学精神、以学术自由和文化机制为主导的运行机制,以及在多元文化相互交融的基础上进行的文化传承和创新活动。在当代,大学的创造力不仅应当表现在大学培养的具有全球意识、较高文化品位和较强国际竞争能力的创造型人才上,还应当表现在把大学建设成为人类社会解决面临的重大课题提供科学依据、将科学技术成果转化为现实生产力和国际多元文化相互交融的重要基地上。

四是影响力。在当代,大学不仅应当走出"象牙塔",走多样化的发展道路,积极主动地应对文明社会众多领域不同层次的广泛需求,服务于社会,更应当超越"象牙塔",发扬着眼未来和探究真理的批判精神,以自己创造的新思想、新知识和新文化代表"社会的良心",给予社会发展以正确的价值导向,引领社会前进。大学要求生存,求发展,办好学,承担重大的社会责任,要创建一批世界级大学,最根本的是必须全面加强以"大学人"为主体和以知识及其学科(专业)为基础的大学文化建设,努力提升大学拥有的深厚的文化底蕴的水平和品位,不断提高大学的核心竞争力。

综上所述,大学文化是大学在长期办学实践的基础上,经过历史的积淀、自身的努力和外部环境的影响,逐步形成的一种独特的社会文化形态。它以"大学人"为主体和以知识及其学科(专业)为基础,主要凝聚在大学拥有的深厚的文化底蕴之中,是大学精神文化、物质文化、制度文化和环境文化的总和,是大学作为人类社会知识权威的文化基础,是人类先进文化的重要组成部分。

截至 2020 年 6 月 30 日,全国高等学校共计 3 005 所,其中:普通高等学校 2 740 所,含本科院校 1 258 所、高职(专科)院校 1 482 所;成人高等学校 265 所(本名单未包含港澳台地区高等学校)。大学应给社会贡献一种价值观和知识体系,这种价值观是通过培养一代又一代的学生步入社会后的所为来实现。20 世纪美国高等教育改革家弗莱克斯纳认为:"大学不能远离社会,但更重要的是大学不是风向标,不能什么流行就迎合什么,大学应不时满足社会的需要,而不是它的欲望。"

> **课堂训练**
>
> **我上大学的十大理由**
>
> 1. 我上大学,是希望/因为＿＿＿＿＿＿＿＿＿＿＿＿＿＿＿＿＿＿
> 2. 我上大学,是希望/因为＿＿＿＿＿＿＿＿＿＿＿＿＿＿＿＿＿＿
> 3. 我上大学,是希望/因为＿＿＿＿＿＿＿＿＿＿＿＿＿＿＿＿＿＿
> 4. 我上大学,是希望/因为＿＿＿＿＿＿＿＿＿＿＿＿＿＿＿＿＿＿
> 5. 我上大学,是希望/因为＿＿＿＿＿＿＿＿＿＿＿＿＿＿＿＿＿＿
> 6. 我上大学,是希望/因为＿＿＿＿＿＿＿＿＿＿＿＿＿＿＿＿＿＿
> 7. 我上大学,是希望/因为＿＿＿＿＿＿＿＿＿＿＿＿＿＿＿＿＿＿
> 8. 我上大学,是希望/因为＿＿＿＿＿＿＿＿＿＿＿＿＿＿＿＿＿＿
> 9. 我上大学,是希望/因为＿＿＿＿＿＿＿＿＿＿＿＿＿＿＿＿＿＿
> 10. 我上大学,是希望/因为＿＿＿＿＿＿＿＿＿＿＿＿＿＿＿＿＿
>
> 小组讨论:请同学们以小组为单位,分享自己填写的"我上大学的十大理由",并参考网上一些学生关于"上大学到底为了什么?"的跟帖,找出本组认为的最重要的十大理由。然后各小组派代表在班里宣读讨论结果,再在全班评选出大家公认的最重要的十大理由。

1.2　完成角色转变

　　大学生活是指读大学期间的生活。大学是知识的海洋,这里有浩瀚的图书资料和先进的仪器设备,能使大学生接触广博的知识,培养必要的专业技能,学习为人处世的方法。大学是学生从象牙塔走向社会的最后一站,是连接社会与校园的纽带,合理利用大学中的时间,让自己的大学生活变得充实有梦想,对将来走向社会有很大的正面效应。

　　掌握获取知识的本领,学会在知识的海洋中畅游冲浪,是同学们在大学阶段的主要任务,是顺利成长成才的重要基础。大学有教书育人的良师。这里聚集着众多学者和专家,他们精通本专业的基础理论,了解最新的学术成果,具有丰富的科研实践经验,熟悉教育教学的客观规律。在这些良师的指导下,通过系统的教学活动和严格的科学训练,同学们可以系统准确地掌握基础知识和专业知识,接近学科前沿,提高专业能力尤其是专业创造能力。同时,通过耳濡目染还能从这些良师那里学到做人的道理,培养良好的学风,接受人格的熏陶。大学有浓厚的学习研究和成才的氛围。这里是知识创新、传播和运用的基地,是培养创新精神的摇篮,是接受人文精神和科学精神熏陶的园地。引领学术风气,促进思想交流,陶冶品德操守,建设精神文明,是大学的灵魂之所在。同学们可以在大学里深入学习科学知识,广泛汲取各种新的思想和学术成果,不断提高自身素质,确立正确的世界观、人生观和价值观。党和国家为大学生提供了优越的学习和生活环境,就是希望同学们发奋学习,尽快成长为国家民族的栋梁之材。

成功只需要两步,一步是开始,一步是坚持。所以,对大学生而言,良好的开端是迈向成功的开始,大学生活和中学生活有非常大的区别,有些大学生因为种种原因,进入大学后无法适应角色的转变,甚至整个大学期间都无法适应大学生的角色,出现挂科、人际交往障碍、学业警示,甚至精神出现问题等情况,因此,同学们应该尽快完成从高中生到大学生的角色转变。

1.2.1 从精英到大众:适应个人心态的变化

很多同学在高中阶段是校园里的"精英",学习成绩非常好,担任年级或者班级的学生干部;到大学后,突然发现自己从受人瞩目的"明星"一下子变成了平平无奇的"凡人",甚至变成了"差生",周围的同学大多有这样或那样的优点和特长,中学时期的学习成绩也不比自己差。这种感觉往往是很多大学生进入大学时的第一个感受。大学生就业市场,真正重视人才的用人单位是这样的:他们不关心你是怎样来的,但非常关心你能给单位带来什么。有个比喻放在大学生心态的转变中非常形象,高中是辆火车,高中的成绩只代表车票的不同,到达大学后,人生一个新的阶段就此展开,大家又一次站在了起跑线上,后面的路,奋斗就可以了。

1.2.2 从被动到自主:适应学习方式的转变

国家大力推进素质教育,国内很多高中的教育教学方法灵活多样,学生也有很多机会接触课堂之外的内容,但不可否认的是,在高考的压力下,学习仍然是高中生最重要的任务。每个人的学习情况,会受到学校和家长的高度关注,学生的学习压力普遍非常大。同时,中学阶段对大学会加入很多理想主义的元素,使很多学生认为大学学习非常轻松,也使很多人认为考进大学就"解放了"。然而,人类社会已经进入了知识经济时代,学习成为一个人在社会中有尊严地生存的一个基础要求。在五彩缤纷的大学生活里,学习仍然是一个不变的主题,是大学生活的主旋律。当然,这里所说的学习,除了指为了完成大学学业而必须完成的学习任务外,更重要的是为了提升自己的核心竞争力而进行的各方面的学习。相对中学而言,大学的学习氛围自由宽松,学生有了更多的可以自由支配的时间,自主学习的要求更强,学习环境由"监督"变为"自觉",这对自制力较差的学生而言无疑是严峻的考验。大学的学习应把握三点。第一,要找到自己真正的兴趣,并有意识地培养这些兴趣,从而提高学习的积极性、主动性和创造性,增强学习的内在动机。兴趣不只是对事物表面的关心,任何一种兴趣的产生都是由于获得知识或参与活动而使人体验到情绪上的满足。兴趣是可以培养和发展的,它的发展通常有三个阶段:感官兴趣、自觉兴趣和志趣。例如,有的同学对打篮球有很大的兴趣,每次打篮球都觉得心情愉悦,这是兴趣的第一个阶段,即感官兴趣。接下来他开始研究打好篮球所需要的各种技术,并找一切机会去实践锻炼,慢慢地他打篮球的技术有了提升,他又一次成为球队中受欢迎的人。这样,一方面,他的兴趣让他的能力有了提升,另一方面,能力的提升又让他对打篮球的兴趣有了提升,形成了互相促进的关系。这样,他打篮球的兴趣进入了第二个阶段,即自觉兴趣。这个同学发现自己打篮球的技术越来越好,最后被选入了校队,他在打篮球的过程中,也慢慢学到了很多篮球甚至体育方面的知识,产生了以篮球作为终生追求的想法,打篮球之外,他开始涉足篮球裁判、篮球解说、篮球产业等领域,最终将篮球当作自己的职业生涯目标。这样,他打篮球的兴趣进入了第三个阶段,即志趣。可见,兴趣可以使人的智力得到开发,知识得以丰富,眼界得到开阔,善于适应环境,对生活充满热情。兴趣对个性的形成和发展起了巨大作用。第二,要完成由"为考试而学"到"为自我提升而学"的转变。大学里的考试仍然非常重要,大学期间必须保证通过各项考核并顺利毕业。同时,大学生应该在学好专业的基础理论知识、拓宽知识面的同时,重视实习实践、能力素质和国际视野的拓展,积极参与第二课堂的活动,注意培养创新能力,在提高个人的综合素质上下功夫。第三,要加强时间管理,提升效率。靠死记硬背和题海战术,已经不能适应大学的学习了。大学所学知识的深度和广度都有了很大的提升,大学生必须学会时间管理,实现由"拼时间拼勤奋"的数量竞争向"拼方法拼效率"的质量竞争的转变,在学习中更加讲究用脑的艺术,遵循学习规律,注意学习方法,提高学习效率,开发自己的智力潜能。

1.2.3 从依赖到独立:适应生活方式的转变

中学阶段的生活起居有较强的规律性,老师和家长提供了无微不至的帮助。进入大学后,大学生进入了独立生活的阶段,之前从来不会遇到的问题也会出现在生活中,理财、衣食住行等方方面面都必须由自己来安排和处理。自由的同时,自主、自理、自立和自律也成为大学生活的显著特征。以消费为例,当前很多大学生理财能力较差,经常没到月底就已经成了"月光族"。部分自律能力差的学生,甚至为了购买奢侈品而向"校园贷"等机构贷款,最终导致自己财产甚至名誉受损。大学生应尽快适应这种生活方式的变化,在思考、处理问题,尤其是个人重大问题时克服依赖思想,培养独立思考和解决问题的能力,要有远见卓识,三思而后行。对人生重大问题的选择,理性理智,而不盲目和感情用事。有法律和道德观念,做事有责任心,不做鲁莽草率之事。坚持自己的事自己做,今天的事今天完成,从点滴小事入手,严格要求自己,控制生活的节奏,不管做什么事情都要掌握分寸,把握一个度,处理好学习与娱乐休闲的关系。

1.2.4 从简单到复杂:适应人际关系的转变

中学同学一般都来自同一个城市,甚至是同一个城市的同一个区县,同学之间的生活习惯相对一致。同时,高中阶段学生的年龄相对较小,主要任务是学习,同学间在其他方面的互动相对较少。所有这些因素都导致了高中阶段同学之间的人际关系相对简单。而大学同学普遍来自全国各地,同一个专业或班级,一般都会有来自城市或乡村、经济发达地区或贫困地区的同学。无论是语言文化还是生活习惯,都有非常大的不同,相互之间的了解和磨合需要较长的时间。同时,大学里除学习之外,业余生活非常丰富,不同专业、不同班级、不同社团甚至班级内同学之间,在升学名额、奖学金资格、社团竞选等方面,都可能会遇到各种各样的利益冲突。利益冲突会带来人际关系的复杂化,大学生要认识到良好的人际关系是拓展大学生发展空间、促进其成长成才必不可少的重要因素。建立良好的人际关系,应坚持与人为善和换位思考的原则,既要培养竞争意识,又要注意人际关系的和谐,善于理解和宽容别人,掌握交往之道。

课堂训练

我们今天相识

1. 有缘相聚,建立团队

报数,分组就座,每人5分钟轮流分享:

- 姓名、生日、个人信息。
- 最喜欢自己身体的哪两个部位,为什么?
- 个人特质,最大的优点。
- 你的职业困惑,你梦想的大学生活。

2. 小组大比拼

(1)选组长(权力、责任)、起组名、拟组训。

(2)讨论:

- 组名和组训的意义。
- 期望(希望从本课程得到什么收获?)
- 顾虑(参加这样的活动课程有什么担忧或顾虑?)
- 努力(为了达到目标在整个学期中会做哪些努力?)

(3)制作海报签名(组长、组员)。

(4)每组派代表在全班进行海报分享。

1.3 规划大学生活

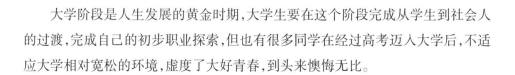

大学阶段是人生发展的黄金时期,大学生要在这个阶段完成从学生到社会人的过渡,完成自己的初步职业探索,但也有很多同学在经过高考迈入大学后,不适应大学相对宽松的环境,虚度了大好青春,到头来懊悔无比。

1.3.1 大学与高中的不同

无论是学习、生活,还是课外活动等各个方面,大学阶段与高中阶段都有非常大的不同。总体而言,大学阶段的关键词是自由和自控,这是与高中阶段最大的不同之处。高中是我们成长成才关键的提升阶段,努力了一般会有收获。而大学是我们迈向社会的最后一个驿站,除了努力之外,有时候规划和选择更加重要。高中的时候,你可能会觉得时间很紧张,但会感觉很充实。进入大学后,你可能会觉得时间很宽松,但如果没有规划和计划,你反而会觉得无聊和空虚。

1. 学习上对自主要求更高

大学是为了兴趣和职业而学习,当然大学里也有很多人是为了"不挂科"而学习。上了大学后,大学生会发现再也没有老师像在高中一样看着你逼着你学,学习真正变成了自己的事情,学不学全看你自己,你可以选择自己感兴趣的课程,更可以自己安排上课时间。虽然有辅导员督促你学习,但这种督促与高中阶段的督促有着本质的区别。到了大学阶段,学习依然是最重要的,但是学习的方法与高中有着很大的不同,必须及时调整和转换学习方式,才能取得良好的成绩。

2. 生活上对自控要求更高

跟高中生活相比,大学生活自由多了,但很多时候我们会感到大学生活远不如曾经想象中的美好。自由多了,选择多了,诱惑也多了。刚到大学时,多数同学会感到迷茫,找不到自己的方向,理想似远似近,而生活节奏却没法把握自如,这就需要我们加强自控力,通过自己的权衡来安排好学习和生活时间。到了大学,每一段生活经历,不论成功还是失败、幸福还是失落,每一次与他人的互动和交流,不论开心还是落寞,都是在学习。大学期间,应该把握一切学习的机会,学习与各种人相处、沟通交流、开展合作的能力,这些都是宝贵的人生财富。大学需要我们去适应、去尝试,大学的美好因人而异,关键要看自己。

> **课堂训练**
>
> 　　李同学学习成绩优异,他生活在西北的一个偏远山区,考入大学前从没走出过大山,来到大城市是他年少时就有的梦想,这颗梦想的种子深深地扎根于他内心深处。高中的学习生活是十分艰苦的,每当觉得自己坚持不住的时候,李同学就想起自己的决心和梦想,这激励着他克服了一个又一个困难。经过高考的洗礼,李同学终于如愿以偿考到首都的一所重点大学,多年的理想,当踏入校门的那一刻,终于实现了。这个理想支撑着他克服各种困难,努力学习,但当理想实现的时候,对他来说就是失去理想的时候——进入大学后,他突然发现自己没有理想、没有目标了。李同学丧失了学习的动力,提不起学习的兴趣,周围的一些新鲜事物,特别是网络游戏对他产生了强烈的吸引力。为了网游他经常旷课,不写作业,也不复习,结果到了期末,他有四门课程挂科。辅导员向他的父母通报了他的情况,母亲从老家来到北京,边打工边陪读。由于大学一年级落下的课程太多,并且沉迷网络游戏太深,二年级的课程,李同学还有好几门不及格。大学四年转瞬即逝,李同学没有完成学分,只能延期毕业。看到同学一个个拿着学位证、穿着学位服,在校园各处毕业留影时,他在心里深深地懊悔,自己曾经的理想哪里去了,大学四年又为了那个理想付出了什么呢?
>
> 　　思考并回答:
>
> 　　1. 什么原因使李同学无法适应大学的学习生活?
>
> 　　2. 为什么说科学规划大学的学习和生活,应成为每个大学生必备的功课?

1.3.2　大学生活的几个阶段

　　每个大学生在进入大学后,都应该想一下这个问题:"全国每年有这么多大学毕业生,企业为什么要选择我,而不是别人?"也就是说,大学毕业后自己能够获得的核心优势是什么?如何去获得这些核心优势呢?要想在大学期间建立自己的核心优势,必须过一个有规划的大学生活。一般而言,大学生活呈现出明显的阶段性,每一个阶段都有不同的情况和任务。

1. 大一阶段:适应调整期+目标探索期

大学一年级,终于摆脱了由父母和老师主导的学习与生活,开始自己掌控一切,却突然无所适从……刚进入校园,首先要学着适应大学生活,学着在没有家长、班主任督促的情况下管理自己的学习和生活,学着以友善的方式与他人相处,学着独立思考和解决问题,让自己完全融入大学生活。在思想上,大学生应该做积极的理想主义者,在角色上则要成为适应者和筹划者。在学习上,大一的课程相对较多,需要投入较多的精力学习,以打牢基础。

在生涯规划方面,可以通过各种途径了解本专业将来的发展趋势,进行专业探索,了解本专业对应的就业行业和就业方向,了解自己的兴趣、性格、特长和价值观,尝试探索和初步确立自己的职业目标,制订一个大学的学业和发展计划。

在能力素质培养方面,主要培养以下能力素质:新环境适应能力,培养对全新的、自主管理的环境的适应能力;人际关系建立能力,处理好师生及同学间的关系;自我管理能力,面对学习、活动等各方面任务,培养自己的自我管理能力。这包括合理计划、目标设置,以及在这个过程中磨炼出来的诚信、勇气,在一个全新的环境中,开始全新的自我塑造。

2. 大二阶段:能力提升期+目标修正期

大学二年级,有些同学似乎不太喜欢自己的专业,但又不太了解别的专业,开始觉得上课无所谓。纠结于将来干什么,该不该转专业……

进入大二,很多同学对自己大学的校园文化、校园环境等已经熟悉,对大学生活和学习也有了自己的看法,此时就进入了能力提升和目标修正期。在这个阶段,可以根据预定的大学目标培养自己的综合能力。

在思想上,大学生应该保持对新事物的好奇与探索,同时要有对大学的理性认知。在角色上则要成为重新自我定位者和能力体系建立者。在学习上,专业课增多,要继续保持学习的热情。

在生涯规划方面,需要对工作世界和职业环境有一定的了解,尝试一些事情,明白自己更适合做什么,并根据自己的经验调整最初的职业目标。比如,可以利用课外时间参加社团提升组织能力,参加实习及社会活动提升实践能力,也可以参加科技竞赛提升创新能力。

在能力素质培养方面,主要培养以下能力素质:积极主动,大学需要自己主动寻求资源与机会;团队归属,要能够有底气地说出自己所属的团体,避免孤家寡人;目标意识,明确离开校园那一刻将带着什么样的能力和品质离开;有效实践,基于目标,争取尽可能多的资源与机会去实践。

3. 大三阶段:决策准备期+目标执行期

大学三年级,大学生需要对之前的大学生活进行一次梳理,并根据自己的情况做出生涯选择:深造还是就业创业。

在思想上,要进行积极的历史轨迹梳理,并对未来进行清晰的定位。在角色上则要成为准求职者和准社会人。在学习上,大学生会接触到专业核心课程,对专业有了更加清晰的认识。应该结合自己的目标,有意识地开展相关专业的实践。

在生涯规划方面,应该学习和掌握生涯规划理论中关于决策的基本知识,能够根据自己的实际情况理性地做出合理的决策并开始付诸行动。深造、就业或入伍,此阶段应该有相对明确的方向。

在能力素质培养方面,主要培养以下能力素质:知识系统化,无论如何,大学都是以知识的系统学习为第一要务;清晰的职业定位,对于高职高专学生而言,大三阶段开始顶岗实习,走进实习单位,刚刚步入社会,要规划好自己的职业目标,要为自己的未来做打算,并且进行最后的冲刺。

4. 大四阶段:目标冲刺期+大学总结期

对于本科学生而言,大四阶段是目标冲刺期和大学总结期。大学四年级,突然惊觉自己很快将成为毕业生。要不要深造?自己适合做什么?想做什么?学了些什么?能做什么?朝花夕拾,大学四年转瞬即逝,我们会感觉到时光飞逝。同时,大四阶段也是很多同学大学成就的总结,大家会感受到毕业临近时各种任务的压力。毕业去向的确定、论文的写作……特别是当同班甚至同宿舍的同学拿到企业录取通知书而自己还没有目标的时候,那种空落落的感觉,可能是很多同学都要经历的。

在思想上,大家要为新的生存空间做准备。在角色上,则要成为决断者、策划者和求职者。在学习上,大四有很多空余时间。应处理好课程、择业、深造、实习等各方面的关系。

在生涯规划方面,应该学习和掌握各种生涯工具,如决策平衡单等;应该掌握各类求职知识和求职技巧,如就业政策、就业市场概况、就业手续办理、求职技巧(设计简历、准备面试等)等操作层面的内容。

在能力素质培养方面,主要培养三方面能力素质。一是信息渠道。一定要注意学校的网站、招聘网站并不是唯一的信息来源,还需要获得大量的社会环境及行业信息。二是自我营销。富有技巧地自我整合、包装、宣传。这个时代人才太多了,你需要让别人知道你是人才。三是互动技巧。自我营销过程中的直接营销,需要会沟通、会说服、会影响——这些在某种意义上被称为领导力。

课堂训练

画画我的生涯彩虹图

人们一生中要扮演很多角色,每一种角色都诠释着不一样的风景。我们体会着作为学生徜徉在知识海洋中的快乐,体会着作为子女被牵挂关爱的幸福,体会着作为挚友携手并进的美好……未来大学生们也会体会职业生涯中的酸甜苦辣。下面,我们来画一画你对未来工作和生活状态的期待。请在彩虹图上画出自己的人生彩虹,彩虹长度代表时间,彩虹宽度代表投入精力的大小,根据自己的期望,在相应的扇形中涂色,看看自己的人生彩虹是否平衡美好。

思考并回答:

1.你的每个角色都是从什么时间开始的?你计划什么时间学习、工作、结婚、生子?这些时间起点对你意味着什么?

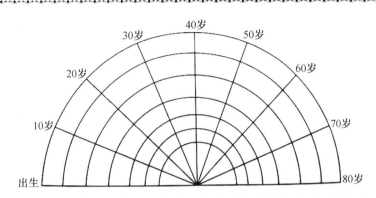

2.你的每一种角色用掉多少精力?当你全力拼搏事业的时候,是否能够顾及家人?当你全身心投入家庭角色的时候,事业精力的投入又是否充足?用心画出彩虹图是否让你很疲惫?

3.请你对每个角色预计完成的满意度打个分,0分为不满意,10分为满意,各种角色你的得分是多少?如果你想让自己的生活更加平衡,这些角色间能否做一些调整?计划如何调整?

单元 2 职业与职业生涯规划

案例导入

齐白石先生是近现代中国绘画大师,世界文化名人。1878年,拜周之美为师学习雕花,做一名木工;1889年,拜胡沁园、陈少蕃为师学诗文,得胡沁园帮助,脱离木工生活,专习绘画,成为一名画匠;1902年,应夏午诒邀请,赴西安教画,成为一名教师;1950年,被聘为中央文史馆馆员。

齐白石先生所经历的木匠、画匠、教师、文史馆的馆员几个不同的职业累加起来,就是他一生的职业生涯。

请思考:

1. 什么是职业?什么是职业生涯?
2. 职业生涯与时间有什么关系?

2.1 职业

2.1.1 职业的定义

"职业"一词在《现代汉语词典》中的解释为:"个人在社会中所从事的作为主要生活来源的工作。"自从人类社会出现劳动分工后,就产生了各种职业。在现实生活中,人们面对的社会职业领域的范围广、种类多,对于职业含义的理解不尽相同。有些人认为职业就是工作,有些人认为职业是一种生活来源,有些人认为职业是一种等级身份。

从社会学和经济学的角度来分析，职业是指参与社会分工，利用专门的知识和技能为社会创造物质财富和精神财富，以获取合理报酬作为物质生活来源，并满足精神需求的工作。它是人类文明进步、经济发展以及社会劳动分工的结果。

2.1.2 职业的特征

职业作为一种社会劳动是对人们的生活方式、经济状况、文化水平等方面的综合反映，职业主要包含六个特征。

1. 社会性

职业是人类在劳动过程中的分工现象，是社会生产力发展的产物，它体现的是劳动力与劳动资源、劳动者与劳动者之间的关系。劳动产品的交换实质是不同职业之间的劳动交换关系，这种劳动交换反映了不同职业之间的等价交换关系，反映了职业活动与职业劳动成果的社会属性。

2. 经济性

职业是以获取谋生的经济来源为目的的，劳动者在承担职业岗位职责并完成工作任务的过程中要索取经济报酬，既是社会、企业及用人部门对劳动者付出劳动的回报和代价，也是维持家庭和社会稳定的基础。

3. 专业性

任何职业岗位，都有相应的职责要求，要求从业人员具备一定的专业知识和技能，接受必要的专业知识或技术技能的培训，使其达到上岗的技术要求。

4. 规范性

从事职业活动必须遵从一定的规范，即职业规范，它主要包括人们在职业活动中应遵守的各种操作规则及章程、职业道德规范和职业活动中养成的种种习惯。

5. 时代性

随着现代化的发展，科学技术的进步，原有职业活动、生活方式及习惯发生变化，导致职业打上时代的"烙印"。

6. 群体性

职业的存在常常和一定的从业人数密切相关。凡是达不到一定数量从业人员的劳动,都不能称其为职业。从业者由于处于同一企业或同一部门,他们总会形成语言、习惯、利益、目的等方面的共同特征,从而使群体成员不断产生群体认同感。

2.1.3 职业分类

职业分类是由产业和行业的分类决定的。要了解职业分类,首先要了解产业和行业的分类。

1. 我国的产业分类

我国的产业是国家经济部门按照国民经济的产业结构进行划分的,通常分为三大产业部门,即第一产业、第二产业和第三产业。

第一产业包括农业、林业、渔业和畜牧业。广义上讲,农业包括采集、种植、狩猎、捕鱼、畜牧。

第二产业包括制造业和建筑业等。按照产品的经济用途,可以将整个工业分为两大类:生产生产资料的工业和生产消费资料的工业。前者称为重工业,包括冶金、机械、煤炭、电力、石油、燃料、化工等工业;后者称为轻工业,包括纺织、造纸、食品、皮革等工业。

第三产业是指除了第一、第二产业外的流通和服务两大产业。它具体分为四个层次:一是流通部门,包括交通运输业、邮电通信业、商业饮食业、物资供应和仓储业等;二是为生产和生活服务的部门,包括金融业、保险业、地质普查业、房地产管理业、公用事业、居民服务业、旅游业、信息咨询服务业和各类技术服务业等;三是为提高科学文化水平和居民素质服务的部门,包括教育、文化、广播、电视、科学研究、卫生、体育和社会福利事业等;四是国家机关、政党机关和社会团体等。

2. 我国的行业分类

行业是指从事相同性质的经济活动的职业及其所有单位的集合。行业是采用经济活动的同质性原则划分的,即每一个行业类别都按照同一种经济活动的性质划分。国民经济行业分类是对全社会经济活动进行的标准分类,它为国民经济核算和各项专业统计按照经济活动范围提供了详细、科学的分类依据。

我国于1984年颁布了《国民经济行业分类和代码》,把我国国民经济分为13个门类。1994年进行了修订,分类有所调整和增加。随着我国市场经济建设的不断发展和产业结构的调整以及我国对外开放的扩大和国际交往的日益增多,国民经济出现了许多新兴行业。为此,国家统计局于2002年对《国民经济行业分类和代码》(GT/T 4754—94)进行了发布以来的第二次修改,并将标准名称改为《国民经济行业分类》(GB/T 4754—2002)。2011年、2017年又进一步修订该标准,《国民经济行业分类》(GB/T 4754—2017)将国民经济行业划分为门类、大类、中类和小类四级,共有20个行业门类,97个大类,473个中类,1 381个小类。下面列出20个行业门类,见下表。

行业门类分类表

项目	内　容	项目	内　容
1	农、林、牧、渔业	11	房地产业
2	采矿业	12	租赁和商务服务业
3	制造业	13	科学研究和技术服务业
4	电力、热力、燃气及水生产和供应业	14	水利、环境和公共设施管理业
5	建筑业	15	居民服务、修理和其他服务业
6	批发和零售业	16	教育
7	交通运输、仓储和邮政业	17	卫生和社会工作
8	住宿和餐饮业	18	文化、体育和娱乐业
9	信息传输、软件和信息技术服务业	19	公共管理、社会保障和社会组织
10	金融业	20	国际组织

3. 我国的职业分类

职业分类就是采用一定的标准和方法,依据一定的分类原则,对从业人员所承担的各种专门化的社会职责所进行的全面、系统的划分与分类。目前,世界上职业种类已超过42 000种,我国是世界上最早出现职业和职业活动的国家之一。2 500年前的儒学经典就记录过当时的职业和职业活动。《春秋·穀梁传》就写道:"古者有四民,有士民,有商民,有农民,有工民。"自新中国成立以来,社会主义现代化建设的发展促进了我国现代职业的发展。1995年国家成立了国家职业分类大典和职业资格工作委员会,经过四年时间编写完成《中华人民共和国职业分类大典》,并于1999年5月向社会发布。2015年进行了修订,目前发布施行的

《中华人民共和国职业分类大典(2015年版)》,将我国职业划分为8个大类、75个中类、434个小类、1 481个细类(职业),并列出了2 670个工种,标注了127个绿色职业,反映了我国职业管理工作达到了一个新的高度。依据《中华人民共和国职业分类大典(2015年版)》规定,我国职业分类见下表。

我国职业分类表

类别	大类名称	包含内容
第一大类	党的机关、国家机关、群众团体和社会组织、企事业单位负责人	6个中类、15个小类、23个细类(职业)
第二大类	专业技术人员	11个中类、120个小类、451个细类(职业)
第三大类	办事人员和有关人员	3个中类、9个小类、25个细类(职业)
第四大类	社会生产服务和生活服务人员	15个中类、93个小类、278个细类(职业)
第五大类	农、林、牧、渔业生产及辅助人员	6个中类、24个小类、52个细类(职业)
第六大类	生产制造及有关人员	32个中类、171个小类、650个细类(职业)
第七大类	军人	1个中类,1个小类,1个细类(职业)
第八大类	不便分类的其他从业人员	1个中类,1个小类,1个细类(职业)

2021年2月26日,人社部副部长李忠在国新办举行的发布会上表示,2021年我国将启动修订《中华人民共和国职业分类大典》。这几年随着经济社会发展、科技进步,产生了很多新职业,这些新产生的职业将被纳入这个分类大典里面,进一步健全完善符合中国国情的现代职业分类。

2.2 职业生涯

2.2.1 职业生涯的含义

生涯(Career)在《牛津英语词典》中被定义为名词,指个体一生的历程或发展,尤指众人皆知的显赫或非凡时期。我国古代《庄子·养生主》中有"吾生也有涯,而知也无涯",意为人的生命是有限的。美国国家生涯发展协会(National Career Development Association)提出,生涯是个人通过从事工作所创造出的一个有目的的、延续一定时间的生活模式。

职业生涯是指人的一生中的职业历程。人的职业生活是人生全部生活的主体,在其生涯中占据核心和关键的位置。人的一生的职业历程有着种种不同的可能:有的人从事这种职业,有的人从事那种职业;有的人一生变换多种职业,有的人终生位于一个岗位上;有的人不断追求、事业成功,有的人穷困潦倒、无所作为。造成人们职业生涯的差异,有能力、心理、机遇方面的原因,也有社会环境影响的原因。职业生涯是一个动态的过程。对于职业生涯的认识,学者们观点众多,概括起来是:职业生涯是指个人在围绕其每一生命阶段目标而进行的有目的的学习与工作活动中所创造出的一种相对稳定的生活模式。

职业生涯,是指一个人终生的职业经历。它包含了一个人从职业学习开始到职业劳动最后结束的全过程,是整个的人生职业工作经历。具体地讲,职业生涯是以心理开发、生理开发、智力开发、技能开发、伦理开发等人的潜能开发为基础,以工作内容的确定和变化,工作业绩的评价,工资待遇,职称、职务的变动为标志,以满足需求为目标的工作经历和内心体验的经历。

从时间上来说,职业生涯可有狭义与广义之分。狭义的职业生涯是指一个人终其一生,伴随与工作或职业有关的经验和活动。广义的职业生涯是从职业能力的获得、职业兴趣的培养、选择职业、就业,直到最后完全退出职业劳动这样一个完整的职业发展过程,也即开始上学接受知识教育一直到退休这段过程。

2.2.2 职业生涯的基本特征

1. 独特性

每个个体都是独特的,具有不同的特点,在职业条件、职业理想、职业选择等方面都不同,再加上每个人为实现自己的职业理想所做的职业努力的不同,形成了每个人独特的职业生涯历程。

2. 目标性

一般的职业生涯规划的总体目标是获取一定的职业地位或取得一定的职业成绩。比如,规划自己35岁前要进入某企业的高级管理层,或为自己定下两年内销售业务量成为公司之冠的业绩目标。一般职业生涯规划的阶段目标划分也并不明晰,应视个人的总体目标和现实差距而定。

3. 终身性

职业生涯是一种动态发展的历程,每个人在不同阶段有着不同的追求,每个阶段都不断地做出职业生涯规划并积极地去实施,这是一个终身的活动。即使在晚年阶段,个人也会不同程度地扮演好自己的角色,发挥自我价值。"老骥伏枥,志在千里"正是人生晚年对职业生涯的追求。

4. 策略性

一般的职业生涯规划,其实施策略主要是根据职业发展目标,制订一定职业范围内的学习培训、专业技能提高、职场人际关系沟通、企业文化融合等行动计划。大学生处于职业的准备阶段,其职业生涯规划的实施策略主要是了解和探索职业,完成与未来可能从事职业相关的学习、培训任务,提高职业生涯的基本能力和素质,行动计划必须与大学生本身的学习任务和校园活动密切联系。

5. 阶段性

随着社会的发展,一个人并非终身都在一个行业或组织中,个人的职业生涯更多地受到其职业兴趣与职业动机的影响。因此职业生涯有阶段性的特点,每个阶段有着不同的目标和任务,每个人的职业生涯都是一种发展、演变的动态过程。

2.2.3 内职业生涯与外职业生涯

为什么希望的工作干不了? 希望去的城市没机会? 为什么工作进步慢? 究

其原因是因为人们往往只关注外职业生涯，不关注内职业生涯。

外职业生涯，是指从事职业时的工作单位、工作地点、工作内容、工作职务、工作环境、工资待遇等因素的组合及其变化过程。外职业生涯的特点有三个。

（1）不可控性。外职业生涯构成要素往往是他人给予的，也容易被别人收回和否定。

（2）不等偿性。外职业生涯构成要素往往与自己的付出不符，尤其是职业初期。

（3）依赖性。外职业生涯发展以内职业生涯发展为前提条件。

内职业生涯，是指从事一种职业时的知识、观念、经验、能力、心理素质、内心感受等因素的组合及其变化过程。不是通过名片体现，而呈现为工作表现、言谈举止、工作结果。它是指在职业生涯发展中通过提升自身素质与职业技能而获取的个人综合能力、社会地位及荣誉的总和。内职业生涯强调自身各项因素的获得与提高，它是别人无法替代和窃取的财富。

内职业生涯与外职业生涯密不可分。内职业生涯的发展可以带动外职业生涯的发展。内职业生涯是真正的人力资本所在，提高内职业生涯而取得的工作成绩，会转化为外职业生涯。在内职业生涯中，有些因素，如知识、经验等需要相对特定的环境才能发挥作用；有些因素，如高尚的品德、积极的心态、终身学习的能力等，却是万能的种子，无论在怎样的环境中都能生长。外职业生涯发展通常是由别人决定、给予和认可的，也容易被别人否定、收回和剥夺。而内职业生涯，是靠自己的不断探索而获得，不随着外职业生涯的发展而自动具备或自动消失。外职业生涯的稳定以内职业生涯的发展为前提。良好的外职业条件可以提升个人对内职业生涯的认知，内职业生涯与外职业生涯相互促进，相互协调。一方面，只有内、外职业生涯同时发展，职业生涯之旅才能更为顺畅。另一方面，外职业生涯发展顺利，还可以促进内职业生涯的发展。

2.3 职业生涯规划认知

2.3.1 职业生涯规划的定义

职业生涯规划,简称生涯规划,又叫职业生涯设计,是指个人与组织相结合,在对一个人职业生涯的主客观条件进行测定、分析、总结的基础上,对自己的兴趣、爱好、能力、特点进行综合分析与权衡,结合时代特点,根据自己的职业倾向,确定最佳的职业奋斗目标,并为实现这一目标做出行之有效的安排。

2.3.2 职业生涯规划的特点

1. 独特性

每个人都有自己的特点,有与众不同的成长背景及机遇,因此必须从自己的特点、特长出发来进行职业生涯规划。每个人的生涯发展都是独一无二的,职业生涯也是独一无二的,因此职业生涯规划也因人而异。每个大学生的个性、兴趣、价值观、综合素质等不尽相同,大学生在进行职业生涯规划时,要综合分析自身条件和现实环境,有针对性地规划,切忌盲从。

2. 目标性

一般的职业生涯规划的总体目标是获取一定的职业地位或取得一定的职业成绩。比如,规划自己35岁前要进入某企业的高级管理层,或为自己定下两年内销售业务量成为公司之冠的业绩目标。一般职业生涯规划的阶段目标划分也并不明晰,应视个人的总体目标和现实差距而定。

3. 可行性

即规划是根据实际情况(自己的能力、兴趣、气质和性格,组织的发展状况和机会,自己的竞争力等)做出的,职业目标的确定,应该建立在充分分析自己主客观条件的基础上,不是脱离实际的幻想。

4. 终身性

不仅是大学生,每个人人生发展的全过程——从小孩到老人,都涉及职业生涯规划这一课题。只是有的人是自觉做的,有的人是无意识间完成的。小时候孩子们玩过家家时,有人爱扮医生,有人爱扮妈妈,有人爱扮解放军,这就是职业生涯规划的萌芽。五六十岁的人一样有自己的职业规划。有一位60岁的老人参加了生涯规划课程的学习,意识到虽然自己已经退休,但自己的生涯可能还有二十多年甚至更长一些,他感慨地说:"我如果学习三年,还可以工作十五六年。"像这样退休后发挥余热或办学或兼职或上老年大学学习新专业、新技能的人比比皆是,甚至有人退休后学画画,竟然还办成了画展,成了画家。

5. 综合性

如果把生命看作一个横截面,那么每个人在某一时间段内会同时有很多重身份。如一位五十岁左右的某高校系主任,他在单位主持工作时是领导,在与同事共同研究问题时是伙伴,在学生面前是老师,在"充电"时他是学生,在孩子面前他是长辈,在他父母面前是晚辈,所以,在做职业生涯规划时会涉及工作、学习和生活的多个方面,具有很强的综合性。

2.3.3 职业生涯规划的分类

职业生涯规划按照时间的长短来分类,可分为短期规划、中期规划、长期规划、人生规划四种类型。

1. 短期规划

短期规划时间通常为1~2年,是中长期规划的具体化、现实化,是最清晰的规划。

2. 中期规划

一般为3~5年内的目标与任务。如到不同业务部门做经理,规划从大型公司部门经理到小公司做总经理等。

3. 长期规划

5~10年的规划,主要设定较长远的目标。如规划30岁时成功创业等等。

4. 人生规划

整个职业生涯规划,时间跨度通常在20年以上,设定整个人生的发展目标和阶梯。

对职业生涯进行长期的规划,能够使大学生明确各个阶段的职业目标,保持整个职业生涯发展的连贯性和持续性,使总体目标(比如最终希望成为某上市公司的董事)更容易循序渐进地达成和实现,进而产生最大的职业动力。大学生如果有条件的话,应该进行这种长期的职业生涯规划,激励自己为达到各个阶段的目标而不懈努力。

2.3.4 职业生涯规划的原则

大学是培养专业人才的重要基地,大学生应当从跨入校门开始就确立自己的未来职业生涯目标。大学生在进行职业生涯规划时,应遵循五个基本原则。

1. 社会需求原则

社会的需求不断演化着,旧的需求不断消灭,同时新的需求不断产生。择业是一种社会活动,它必定受到社会的制约,如果择业脱离社会的需求,将很难被社会接纳。设计自己的职业生涯时,一定要分析社会需求,择世之所需,以社会需求作为出发点和归宿,这样的职业生涯规划才有现实性和可行性,而不能光从自己的理想出发,脱离社会需求导向。

2. 结合专业原则

每一个大学生都有自己的专业,每一个专业都有一定的培养目标和就业方向,经过大学阶段的学习,大学生都具有某一领域专业的知识和技能,这是每一个人的优势所在。而且,用人单位在招聘过程中,首先要考虑大学生所学的专业。因此,大学生在进行职业生涯规划时,应以所学专业为依据。但是,如果所从事的职业不是自己所学的专业,在参加工作后就要重新"补课"。

3. 目标可量原则

规划的设计应有明确的时间限制或标准进行评量、检查,使自己随时掌握执行状况,并为规划提供参考的依据。

4. 择己所长原则

有些人善于与人打交道,有些人则更适于管理机器物品。在设计自己的职业生涯规划时,选择最有利于发挥自己优势的职业,即择己所长。

5. 择己所爱原则

从事一项喜欢的工作,本身就能带来一种满足感。兴趣是最好的老师,是最初的动力,兴趣是成功之母。调查一再表明:兴趣与成功概率有着明显的正相关性。设计职业生涯时,务必注意:考虑自己的特点,珍惜自己的兴趣,择己所爱,选择自己喜欢的职业。

2.3.5　职业生涯规划的意义

通过职业生涯规划,可以把"我想做的事情"与"我能做的事情"有机结合起来,在客观分析自身和外界环境之后,制订出科学可行的、个性化的方案。严格实施这个方案,将会使自己的优势得到最大程度的发挥,需求得到最大程度的满足。认清自己,就迈出了职业生涯规划的第一步。以此为起点,第二步就需要我们针对职业领域进行探索。最后一步则是将各方面的静态与动态信息进行整合,确定行动计划,付诸实践,解开就业的困惑,为个人一生的成功与幸福奠定坚实的基础。

职业生涯规划有突破障碍、开发潜能和自我实现三个积极目的。一个人最大的幸福,是能以自己选择的方式生活。借助职业生涯规划,能把握每一个可能成功的机遇,认识自我、发展自我、完善自我,培养个人的素质和修养,设计一生职业发展的最优路径。职业生涯规划让个人拥有明确的目标,会围绕目标去学习和提升,在人职匹配的基础之上,将人的发展与职业的发展有机结合,使职业成为实现自我人生价值、自我人生幸福的工具和内容,让个人的发展成为推动职业发展和进步的助力,达到自我与职业的双赢,实现人与职业的和谐发展。

2.3.6　职业生涯与人生价值

人为什么而工作?美国心理学家米尔顿·洛克奇曾经提出了13种价值观,分别是:成就感、美感的追求、挑战、健康、收入财富、独立性、爱与家庭以及人际关系、道德感、欢乐、权利、安全感、自我成长、协助他人。这13种价值观和马斯洛需求理论不谋而合,交相辉映。有人为了金钱,有人为了名望,有人为了认同,有人为了自我满足……每个人工作的目的和自我的需求实际都是有所差别的。

职业生涯应着眼于人的高级需求的满足和人的全面发展。关于人的需要,西方行为心理学家提出了多种理论,其中最著名的是美国社会心理学家马斯洛的需要层次理论。马斯洛的需要层次理论从人本主义的角度阐述了需要对人的行为的激励作用。马斯洛把需要划分为五个层次,这些层次构成了一个从低到高、从宽到窄的金字塔结构。

(1) 生理需要：即人对维持生命所需要的衣、食、住等方面的需要。从事职业活动正是为了满足人们的最基本的需要。

(2) 安全需要：即人们希望得到安全保障，免遭威胁的需要。在职业生涯中，表现为人们希望避免社会风险，不丢掉职业，不丧失经济收入的需要。

(3) 社交需要：即人们渴望与他人建立良好感情，渴望被接受，成为群体中一员的归属感。职业组织是现代社会最重要的社会组织形式之一。职业生活是满足人的社交需要的最重要手段。

(4) 尊重需要：即自尊的需要，人们希望他人尊重自己的心理状态。人们在职业组织中的地位和人在社会中获得的职业评价，在一般情况下是人们获得尊重的最主要方面。

(5) 自我实现需要：即人们希望能够施展个人的抱负和有所成就的需要。一般而言，人的才能的实现，大量体现在职业生涯的成果、成功和成就上。

马斯洛的需求层次理论有两个基本点：一是人的需求是有层次的，某一层次的需求得到满足后，更高层次的需求才会出现；二是某一层次的需求一旦得到满足，便不能再起激励作用。一个人的人生价值是在为社会、为他人做贡献和对自我价值不断认可的过程中实现的，职业生涯是实现人生价值的重要途径，每个人都应该在满足基本需要的基础上追求更高阶层的满足，而不能只停留在低层次需求上。

2.4 影响职业生涯规划的因素

职业生涯规划是个人发展的基础，又是个人发展的历程体现。在这个重要而又漫长的过程中，每个大学生的职业生涯规划都会受到各种因素的影响。影响职业生涯规划的因素是多方面的，有个人素质、个性等主观方面的因素，也有社会环境、机遇等客观方面的因素，各个因素之间是相互关联的。因此，在进行职业生涯规划时要仔细考虑影响自己职业生涯的每一个因素。

2.4.1 教育因素

受教育程度是影响职业生涯规划的一个重要因素，受教育的层次不同，形成的知识结构、能力结构和职业素质结构就会有所不同,从而会使受教育者形成不同的思维模式,进而会影响到职业生涯的规划与发展。

2.4.2 环境因素

环境因素包括社会环境和组织环境两方面。社会环境主要是指社会的政治体制、经济体制、社会文化习俗、职业的社会评价、人才市场的管理体制等;组织环境包括行业环境和企业环境。对环境因素的分析和认识,有助于把握社会需求和职业环境发展趋势,正确选择职业生涯目标。社会环境因素,指的是社会的政治、经济体制,人才市场的管理体制,社会文化习俗,职业的社会评价等状况。这些社会环境因素决定了就业的方式、职业观和个人职业生涯的历程。大学生在职业生涯规划中不仅要运用好现有环境,挖掘环境中的有利因素,而且要善于创造良好的环境,考虑社会的需求,才能最终达到自己的职业目标。良好的组织环境可以使得工作顺利进行,个人才能也能够得到充分发挥。组织的发展态势对大学生职业方向的选择影响重大。组织或者行业正处于朝阳期,或者是国家主导的新兴产业,社会对其前景普遍看好,这种职业方向对于大学生来说无疑是具有吸引力的。

2.4.3 家庭因素

家庭是造就个人素质、影响人生发展的重要因素之一,一个人的价值观和行为模式的形成往往受家庭成员潜移默化的影响,家庭的经济状况也会对个人在择业、职业转换等方面产生很大影响。人的社会化其实从一出生时就已经开始了,一个人在幼年时期就开始受到家庭的潜移默化的影响,逐渐形成一定的价值观和行为模式。许多人还会长期受到家庭成员的影响,不自觉地习得某些职业的知识和技能。在家庭环境中习得的价值观、行为模式、职业知识和技能等必然会影响一个人的职业理想和职业目标,影响其未来的职业抉择。因此,大学生在做职业生涯规划时,不可忽视家庭的影响,要把握职业生涯的每一个阶段与家庭责任之间的平衡,寻求更好的职业发展方向。

2.4.4 个人因素

在职业生涯规划中,自我认识与定位是进行职业生涯规划的重要前提,通常包含以下几个方面的内容:我想干什么?——职业兴趣;我能干什么?——职业能力;我适合干什么?——个人特质(气质、性格);我为了什么而干?——职业价值观。职业兴趣是一个人对待工作的态度,是影响人择业最主观的因素,也是判断一个职业是否适合自己的关键因素,所以大学生在制订职业生涯规划时,一定要结合自己的职业兴趣来考虑。职业能力是由具体的一个个职业所客观要求的,大学生在制订自己的职业生涯规划时,要考虑在校期间如何提升自己的通用职业能力,增强自己就业时的核心竞争力。个人特质包括气质和性格。气质是不以人的活动目的和内容为转移的心理活动的典型的稳定的动力特征。它不仅能影响一个人活动的能力,而且也影响活动的效率。职业价值观是个人追求的与工作有关的目标,往往影响人们对职业方向和职业目标的选择。

课堂训练

张楠的困惑

张楠再一次辞职出来,这份行政助理的工作做了不到一年,还是没能坚持下来。可自己到底适合做什么,工作三年了,她还是一头雾水。这次找工作前,她特意做了好几份职业测评,希望从测试结果中找到合适的工作。但结果出来那么多"适合职业",难道自己要每个都去尝试一遍吗?还是迷茫。

1. 小组讨论,结合案例分析张楠为什么会迷茫?成功的人生与职业发展、职业生涯规划的关系是什么?

2. 想知道自己适合什么工作,是不是只要做个测评就可以?在空白处写下如何利用好职业测评工具。

【延伸阅读】——《大学精神的传承与发展》《活法》《职业道德》《你的生命有什么可能》《你的降落伞是什么颜色》《优秀到不能被忽视》《发现你的天赋》

模块二　了解社会——外面世界很精彩

 导入语

卢梭说："社会就是书,事实就是教材。"社会环境对青年人的职业成长发挥着极大的影响和制约作用。在对"我是谁""我能干什么""我想干什么"等问题思考的基础上,还要明确"环境支持或允许我干什么"。因为,外在环境为青年人的成长提供了机遇、条件和空间,职业环境直接影响个人的职业发展,也会潜移默化影响个人的职业选择。

青年学生要将个人的职业规划与国家、与时代发展紧密结合,需要对社会政治环境、经济环境、法制环境、科技环境、文化环境等宏观因素进行分析,树立正确的职业观念,增强职业探索及环境分析意识,促进职业发展,最大限度地实现人生价值。

单元 3 认识职业环境

案例导入

学前教育专业面对的政策环境

2015年全国人大常委会表决通过了人口与计划生育法修正案,全面二孩政策于2016年1月1日正式实施。与此同时,国家要解决好全面实施两孩政策的配套政策问题,要落实好医疗、妇幼保健、幼儿园等公共服务的供给。原国家卫生计生委明确提出:"增加相关的基本公共服务,合理配置幼儿照料、学前教育和中小学教育等公共服务资源,满足新增加的公共服务的需求。""教育部门……提出来要大力增加公立的幼儿园,同时采取政府购买服务的方式,引导和鼓励社会力量举办普惠性幼儿园。"由于入托及学前儿童的数量增加,对幼儿教师的需求将出现快速的增长,这也为学前教育及儿科医生专业毕业生提供了良好的就业机遇。

请思考:

1. 你了解所学专业所处的社会环境动态吗?
2. 与你所学专业相关的国家政策有哪些?

职业环境就是某职业在社会大环境中的发展状况、技术含量、社会地位、未来发展趋势等。它是一个人实现职业理想的外部平台,是大学生选择职业的重要参考因素。深入了解当前社会环境,调动有利于自己职业发展的外界因素。有助于青年学生制定正确的生涯规划路径,在职业大环境中获得职业生涯的全面发展,职业环境主要包括社会环境和组织(企业)环境。

3.1 社会环境分析

社会环境又称宏观环境,是指影响职业、行业与企业的各种宏观因素。广义的社会环境主要包括政治、经济、社会文化和科学技术等环境因素。

3.1.1 社会环境基本要素

1. 政治环境

政治环境能够影响企业的组织机制和生产经营,进而影响个人的职业发展。政治环境包括社会制度、国家政策、体制机制、国际关系以及国家对劳动就业相关的法律规定等。安全稳定的政治环境是实现中华民族伟大复兴中国梦的基本前提。坚持中国特色社会主义道路,建设富强、民主、文明、和谐、美丽的社会主义现代化国家,实现中华民族伟大复兴,是青年大学生的历史使命。大学生在职业生涯规划中,应始终坚持正确的政治方向,要有服务国家发展大局的政治意识和责任意识。

2. 经济环境

经济环境对于人的职业发展具有重大的影响,经济发展越好,企业经营就会越活跃,对人才的需求就会越旺盛,求职者的就业机会和就业质量就会越好。我国新时代经济发展的一个重要特征就是贯彻新的发展理念,不断建设现代化经济体系,经济发展更加注重质量,推动产业优化升级;加快建设创新型国家,培养青年创新人才;实施乡村振兴战略,推进区域协调发展;加大开放步伐,解放和发展生产力,保证中国经济持续健康发展。我国经济实力、科技实力、国防实力、综合实力和国际地位显著提升,为大学生职业发展创造了良好的经济环境。

3. 社会文化环境

作为影响行业、职业发展的社会文化环境,通常是指在一定社会形态下的教育水平和道德规范、价值观念,以及风俗习惯等被社会所公认的各种规范。随着文化价值观念、社会结构、社会环境的变化,新职业层出不穷,大学生的职业价值观也发生了新的改变,更多求职者不再追求职业的稳定性,而是更多追求自我价值的实现。

4. 科技环境

我国提出"加快建设创新型国家",科技创新是引领发展的第一动力。科技因素是对职业环境最快产生影响的因素。我国"十四五"时期对加快科技创新提出了更为明确的规划。国家不断创新和应用新知识、新技术、新工艺以及新的生产方式。互联网、大数据、云计算、人工智能、物联网等新技术浪潮奔涌,催生了一批新生产业,引领了新的产业革命。这些新技术、新产业使职业环境不断发生变化,也为大学生职业发展提供了新的空间和平台。

3.1.2 科学认识社会环境

大学生的职业选择会受到社会因素、家庭因素等诸多因素的影响。例如,很多大学生在职业选择时盲目追求"热门"地区,出现"宁要东部一张床,不要西部一套房"的尴尬选择。他们或者听从长辈的意见选择自己并不愿意从事的职业,或者盲目追逐所谓的"体面工作"而迷失自我。很多同学在职业选择时处理不好"短期利益"和"长期发展"的关系。只有运用科学方法,对社会环境进行科学分析,全面、清晰地了解客观现实与环境,明确职业发展的普遍路径和规律,才能做出合理的决策。

3.1.3 职业环境分析方法

1. PEST 环境分析法

企业管理学中有一种 PEST 环境分析法,被借用到职业环境的分析中。PEST 是政治、经济、社会和科技四个英文单词首字母的组合,这四个因素又各自包含一些子因素,以直接或间接的方式共同影响大学生的职业环境。

我国经济结构、社会结构都在发生快速的变化,各个地区之间的经济、文化发展不平衡,不同地区的职业环境也不同,求职者在选择职业的时候,需要综合分析政治、经济、文化等综合要素,例如,关注工作的地域因素,所在城市是否宜居、人文环境是否友善、历史底蕴是否厚重、生活压力是否能承受等。PEST 环境分析法可以帮助大学生更清晰地把握职业环境,做好生涯规划。

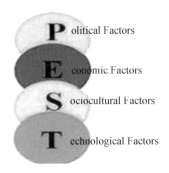

2. PLACE 评估法

P：职位或职务（Position），包括该职位的经常性任务、所需担负责任及工作的层次等。

L：工作地点（Location），包括地理位置、环境状况、城市或乡村、工作地点的变化、安全性等。

A：升迁状况（Advancement），包括工作的升迁通道、升迁速度、工作稳定性、工作保障等。

C：雇用条件（Condition of Employment），包括薪水、福利、进修机会、工作时间、休假制度及特殊雇用规定等。

E：雇用要求（Requirements of Employment），所需的教育程度、证件、训练、经验、能力、人格特质等条件。

3. 职业内容描述法

（1）职业名称及定义。

（2）受教育程度。

（3）职业资格等级。

（4）职业能力特征。

（5）职业人格特征。

（6）技术技能及素质要求。

（7）职业环境及可发展空间。

（8）职业报酬。

通过以上三种方法，了解自己理想职业的模式，评估自己理想职业的外部环境如何。职业生涯的发展与职业环境的变化有着密切的关系。只有对职业环境进行充分的分析，同时结合自身的评估，才能科学有效地制订个人职业发展目标、路线和实施方案,从而更加有效地规划个人的职业生涯。

> ### 课堂训练
>
> #### 环境变化怎么办?
>
> 小墨出生在普通的农村家庭,大学学习的是建筑工程技术专业,毕业后,成绩优异的她在一家大型建筑企业找到了一份工作,因为专业对口,小墨十分满意这份工作。工作不累,收入又可观。可是工作8年后,随着国家房地产政策的调整,房地产市场增速有所放缓,她所在的这家公司经济效益下滑,收入下降。这时,公司想将小墨转到新的地区开辟新的市场项目,小墨却想:房地产是市场刚性需求,低谷只是暂时的。她没有同意公司新的业务安排,仍在原岗位继续目前的工作,一年后,她所在的公司被另外一家大型企业收购了,接下来组织机构重新调整,小墨所在的部门被撤销了,她和其他同事都被列在了待安置名单中。她想到新的公司应聘,又觉得难以找到像现在公司这样轻松舒适的工作,她没有勇气做出重新应聘的决定,只能静静等待公司的安排。
>
> 思考并回答:
> 1. 职业环境的变化对个人职业发展的影响有哪些?
> 2. 小墨为什么没有及时进行职业规划调整?
> 3. 请用社会环境分析法,帮助小墨做个职业生涯规划调整。

3.2 组织(企业)环境分析

人们常说,科学的职业规划需要做到"知己知彼",而组织(企业)环境分析是我们"知彼"的核心,你所选择的组织(企业)将与你的职业发展紧密相关。组织环境分析主要包括行业环境分析和企业环境分析。

3.2.1 行业环境分析

行业环境是企业生存和发展的空间,是企业进行战略选择的基础。对行业环境进行分析,不仅对企业有重要意义,同时对具体的从业者了解自己所处的行业大环境很有裨益。通常意义上,薪酬待遇高一些,发展空间大一些,社会认可度高一些,是大多数人对行业的初步理解,也是我们选择这个行业的依据。选对了行业,个人在择业方面也算是成功迈出了一大步。

1. 行业环境分析

行业环境分析包括行业历史和发展趋势分析、行业结构分析、行业市场分析、行业组织分析及行业成长性分析等内容。行业与职业不同,行业是企业的集合。例如,交通运输行业包括铁路、公路、水运、航空等不同类型的若干运输企业。在同一行业内,从业者可以从事不同的职业。

2. 行业关键成功因素分析

行业关键成功因素是指那些在行业中占重要地位、对企业竞争力有重大影响的条件、变量或能力等特定因素,如技术因素、营销因素、劳动者技能和企业管理水平等因素。关键成功因素因行业的不同而不同,甚至在同行业中,也随着行业驱动因素和竞争环境的变化而发生改变。如制造业和信息业、服务业和高科技行业的关键成功因素是不同的。

3. 行业前景分析

从行业内部来看,行业自身的生命力如何,社会的大众需求怎样,是否有较好的资金、技术支持,这些都是大学生职业规划和择业时要考虑的重要外在因素。

在分析行业环境时,一定要结合社会大环境的发展趋势,了解行业演变过程中存在的新挑战、新机遇和新趋势,需要对行业未来发展趋势进行判断和预测。由于科学技术的飞速发展,某些行业可能出现衰退,比如劳动密集型的低端制造业可能逐渐萎缩。同时,极具发展潜力的朝阳行业也在不断涌现和发展,例如,信息技术、文化传媒、新能源、新材料、生物制造、医疗服务等行业都呈现出较好的增长速度和发展前景。同时,还要注意国家的行业政策,国家根据经济与社会发展出台的相关政策会对行业的发展前景产生直接影响。要了解国家对某一行业是支持、鼓励和引导,还是限制、控制和制约。要尽量选择那些有前景、发展空间大的行业。例如,国家提出建设好生态文明,倡导绿色发展理念,加大环境保护力度,坚决打好蓝天、碧水、净土保卫战。使环保行业进入快速良性发展阶段,其中,环保设备生产、环保监测与治理、环保技术咨询等行业迅速发展,提供了大量的就业岗位。

所以,在进行职业生涯规划和择业时,要对行业的发展情况进行客观分析,才有利于做出正确的职业选择。

3.2.2 企业环境分析

企业环境分析包括对影响企业经营的各种内外因素的综合分析和评价。求职者在关注工作环境、薪资报酬及福利待遇的同时,还要对以下因素进行分析,以做出适应环境的职业选择。

1. 企业发展阶段

通过了解企业正处于创立、成长、成熟和衰退等几个阶段中的哪个阶段,根据每个阶段的特点,有针对性地考察其经营战略、组织结构、财务状况、创新能力、市场营销能力等。同时,考察分析企业在同行业中是处于领先地位,还是处于一个相对落后地位?企业目前的产品、服务和活动范畴是什么?企业的发展领域在哪些方面?发展前景如何?企业目前的财务状况如何?

2. 企业资源

企业的任何活动都需要借助一定的资源来进行,企业资源的拥有和利用情况决定其活动的效率和规模。企业资源包括人、财、物、技术、信息等,可分为有形资源和无形资源。例如,企业主要领导人的战略眼光及管理能力就十分重要,它是企业发展的决定性因素,成功的企业都有优秀的企业家作为掌舵人。

在激烈的市场竞争中,企业文化和企业制度同样十分重要。优秀的企业注重企业精神和企业价值观建设,注重构建和谐的劳动关系,能创造出让员工感到快乐和受尊重的文化氛围。同时,企业能否通过科学的管理制度、用人制度、培训制度等,为员工搭建职业成长平台?能否提供教育培训机会,提供的条件是什么?个人待遇提升的空间有多大,是基于能力还是工作年限?因此,求职过程要关注企业的资源状况,包括企业文化和制度,尽可能了解这些信息,分析其对自己的未来可能带来什么样的影响。

3. 企业核心能力

企业核心能力是指企业独有的,能使企业在市场上长期具有竞争优势的内在能力。企业要保持竞争优势,必须拥有超越竞争对手的核心能力,核心能力可以是技术,也可以是管理和业务流程,如沃尔玛建立的"无缝点对点"物流模式,海尔的技术开发能力+质量保证能力所构成的核心能力。分析企业核心能力首先要了解企业的核心能力是什么?现状如何?其次是企业核心能力是否能维持企业的竞争优势?在行业内,企业是否具备很强的竞争力?如何培育企业的核心能力？企业拥有核心竞争优势，才能支撑企业可持续发展。

通过行业和企业环境分析，初步了解自己的职业在行业和企业中的发展空间，以衡量自己的职业目标能否在该行业及企业中得以实现。

课堂训练

职业选择与环境

面对不断变化的职业环境和职业类别，同学们需要评估职业的社会环境以及组织（企业）环境，分析该职业处于怎样的职业大环境，能否获得更多的环境支持。

请思考下列问题并填写。

我的职业目标描述	
社会宏观环境因素	社会环境对你发展目标的支持因素：
	外部不利环境因素有哪些：
行业、企业环境因素	行业发展处于什么阶段：
	行业发展机遇有哪些：
我的大学	我所学的专业及优势：
	学校对你职业发展的助力：
我的家庭	家人对我的影响是：
	家人对我的期望是：
我的社会实践	我参与过的社会实践：
	我正式参观、访问过的行业企业：

思考并回答：

1. 你实现职业目标的有利环境因素有哪些？
2. 作为大学生，如何将个人的职业规划与国家和时代发展紧密结合？

单元 4 探索工作世界

案例导入

一部手机,经过研发—制造—销售—售后—增值服务—管理,最后来到我们的手中,中间涉及许多专业和职业,同学们能列举出多少与手机相关的专业或职业,说说它们属于哪些行业。

4.1 了解专业

4.1.1 为什么了解专业

专业选择是职业定位及人生发展的第一步,它不仅关系到在大学学什么,更关系到今后的职业发展。所以,对专业进行探索十分必要。

1. 有助于确认自身与专业的匹配度

刚入学的大学生对所学专业和其他专业知之甚少,有时候学不进去或者不想学,就感觉专业没意思,没兴趣,可能会想换专业。但有的人换了新专业后,发现更没意思,更不是自己想学的。所以,了解专业有助于同学们发现自己喜欢和适合的专业。

2. 有助于明确毕业去向

认识和了解专业,能更清晰地明确未来就业去向,毕业生的毕业去向包括升学(升本、保研、考研、直博等)、留学、就业、创业、待就业等,及时了解本专业毕业生的毕业去向,可以帮助大学生在大学期间规划学业与职业。

3. 有助于找到高效的学习方法

每个专业都有自己的定位和发展方向,每个专业的学习思路、研究方法、可用的学习资源都不相同。进行专业认知,可以帮助大学生找到高效学习的方法和快速提升的路径。

4.1.2　专业的含义

关于专业的定义主要有以下四种:

(1)《教育大辞典》第3卷(上海教育出版社):中国、苏联等国高等中等专业学校培养学生的各个专业领域。大体相当于《国际教育标准分类》的课程计划或美国学校的主修。根据社会职业分工、学科分类、科学技术和文化发展状况及经济建设与社会发展需要划分。

(2)《教育管理辞典》(海南人民出版社):是高等学校或中等专业学校根据社会分工需要而划分的学业门类。各专业都有独立的教学计划,以体现本专业的培养目标和要求。这个定义基本与《辞海》的解释一致,认为专业是一种学业门类。

(3)周川"专业散论"(载《高等教育研究》1992.1)从广义、狭义、特指三个层面来理解专业。从广义角度看,专业即某种职业不同于其他职业的一些特定的劳动特点。狭义的专业,主要是指某些特定的社会职业。特指的专业即高等学校中的专业。它是依据确定的培养目标设置于高等学校(及其相应的教育机构)的教育基本单位或教育基本组织形式。

(4)潘懋元、王伟廉《高等教育学》(福建教育出版社,1995年版):专业是课程的一种组织形式。因而在谈到课程时,其中也就包含了这种组织形式。

4.1.3 专业的构成要素

专业的构成要素主要包括：专业培养目标、课程体系和专业人员。培养目标即专业活动的意义表达。课程体系是社会职业需要与学科知识体系相结合的产物，是专业活动的内容和结构。课程体系的设置合理与否、质量高低、实施效果好坏直接影响人才培养目标的实现状况。专业人员主要包括教育者和受教育者，没有"人"的介入，专业活动不可能完成。

4.1.4 专业的特点

第一，有一套系统的、支持其活动的理论体系；
第二，已被社会广泛认可，即社会对这种专门活动是接受的和高度评价的；
第三，该种活动具有专业权威，即在这种活动内部已经建立起专业的权威，专业能力成为该领域活动的重要评价标准；
第四，职业内部有伦理守则；
第五，这一职业群体形成了专业文化。

4.1.5 专业的分类

普通高校本科专业是根据教育部颁布的《普通高等学校本科专业目录（2020年版）》进行设置的，截至2021年3月，我国普通高校本科专业设置有12个学科门类（不含军事学，下同），92个专业类，740种专业。12个学科门类包括自然科学4个——理学、工学、医学、农学；人文和社会科学8个——文学、历史学、哲学、经济学、管理学、法学、教育学、艺术学。

高等职业教育专业包括高职专科专业和高职本科专业，共设置19个专业大类，97个专业类，991个专业，其中高职专科专业744个、高职本科专业247个。19个专业大类分别是农林牧渔大类、资源环境与安全大类、能源动力与材料大类、土木建筑大类、水利大类、装备制造大类、生物与化工大类、轻工纺织大类、食品药品与粮食大类、交通运输大类、电子与信息大类、医药卫生大类、财经商贸大类、旅游大类、文化艺术大类、新闻传播大类、教育与体育大类、公安与司法大类、公共管理与服务大类。

4.2 专业与职业

"我学的是建筑室内设计技术专业,但我的职业理想是成为一名记者,因为高考没有考好,被调剂到建筑室内设计技术专业。大学三年我都在学校广播站担任学生干部,在社团里面找到自己的幸福感。临近毕业了,如果想找一个新闻媒体类的工作,我该怎样做?"

"我喜欢玩游戏,不知道玩游戏能否给我毕业后的生活带来收入?我的专业是计算机,可能和游戏有一定的关系,但又好像关系不大。我该怎么办?"

"迷茫"是大学生特别是毕业生常见的状态。迷茫的根本原因其实是选择的纠结:专业不喜欢,要不要转专业?继续深造还是就业?有调研显示,大学生在校期间的压力主要有四类:学业、就业、情感和经济,其中学业和就业都与专业有关。关于专业,很多同学了解得不够清楚,就业的去向也不太明确。

为了理解专业和职业的关系,先来看一看中国经济界的知名人物:马云学的专业是英语,创办了阿里巴巴;马化腾学的专业是计算机,创办了腾讯;刘强东学的专业是社会学,创办了京东。专业和职业的关系可以说是错综复杂,他们所在的行业,有的跟他们的专业重合,有的却跟他们的专业完全无关。在企业的招聘信息中,同学们也可以看到,企业的招聘需求,有的对专业有明确的要求,有的却对专业无任何要求。那么,专业和职业到底有什么关系?

一般情况下,专业是与职业相对应的。专业是专门从事某种学业或职业;职业是指参与社会分工,用专业的技能和知识创造物质或精神财富,获取合理报酬,丰富社会物质或精神生活的一项工作。

4.2.1 一对一

这种情况最为简单。一个专业方向对应一个职业目标,这类专业一般都存在于中职类学校或高职学院。培养目标单一明确。此类职业的技术含量比较高,也比较单一。它属于学业规划中比较主动的一种态势。可以让我们先定目标,后选路线,在各种路线中选择求学成本最低的一条,这类专业和职业一般都适合于专业技术人员。

4.2.2 一对多

人们常说的宽口径、厚基础就是指这类专业。它们所对应的职业目标有多个,从职业的人格特征来看,许多都对应了两种以上甚至六种人格类型的职业。比如经济学专业,从职业人格来看,它可以对应研究型人格职业,比如经济学研究,也可以对应管理型人格职业,比如企业管理者或新闻记者,也可以对应艺术型人格职业,比如营销策划,还可以对应事务型人格职业,如企业信息管理等等。这样,我们在确定了专业方向后,还要确定适合于自己发展的职业目标,确定职业目标时一定要和自己的职业人格一致,如果你属于管理型的人格,你就要选定管理型人格的职业,比如企业管理者或新闻记者。同时要根据职业目标的标准要求来有针对性地学习和开发其他必要的知识和技能。比如酒店管理专业,你确定自己毕业后从事酒店管理工作,那么你在学酒店管理知识的同时,还要根据酒店管理所需要的其他知识和技能有针对性地开发和学习,比如政策法规知识以及主要客源国经济、政治、历史和风土人情等知识。应该说,先定专业再定职业目标已经是一种比较被动的人生发展态势。

4.2.3 多对一

就是多种专业都可以发展到某一种职业的情形。这类职业一般属于管理型人格的职业。比如新闻记者,比如政府公务员,比如营销主管,比如企业管理等等。这种类型也适合于先确定职业目标后确定专业方向的情形。它其实和第一种比较类似,在学业规划时处于比较主动的态势,能够比较好地找到一条求学成本最低的学业路线。

 ## 4.3 专业和兴趣

案例导入

李丽多才多艺,领悟力高,学习能力强,思想独立,富有激情,在绘画方面有着浓厚的兴趣和天赋。她的梦想就是成为一名优秀的设计师。她精力充沛,还在校学生会担任宣传部的负责人。在高考报名的过程中,她选择学校和专业没有丝毫犹豫。大学期间,她对专业学习表现出了持久的热情和兴趣,最终成功应聘一家世界知名企业的设计师职务。

黄林同学的父母都是工程师,但他从小就对动手操作不感兴趣。在父母的要求下,他选择了攻读工科方向的专业。进入大学后,他对自己的专业并不反感,但也没有什么兴趣,专业课程的学习成绩不好不坏。后来,他加入了学校的管理协会,通过一次组织市场营销大赛的机会接触到了销售行业。他发现自己对销售很感兴趣,并且有一定的天赋,通过调查研究,他对未来的职业规划和定位是就职于大公司的市场部,成为一名有专业技术的销售人员。专业和兴趣的冲突,让他产生了很大的困惑。后来,他通过辅修市场营销课程的方式,成功地圆了自己的市场营销梦。

请思考:李丽与黄林同学是如何处理专业和兴趣之间的关系的?

4.3.1 专业和兴趣的关系

兴趣是人们对某些事物所表现出来的有较强倾向性的态度和情绪,兴趣对一个人的个性形成和发展,对一个人的生活和活动有巨大的作用。兴趣是一种无形的动力,每个人都会对他感兴趣的事物给予优先注意和进行积极的探索,并表现出心驰神往。

专业兴趣是指人们对某项职业活动相对稳定、持久的心理倾向,使人们对某一特定的专业给予优先关注和向往。

1994年诺贝尔生理学或医学奖获得者、美国药理学家吉尔曼这样说:"回想我的经历,我最想告诉孩子的是,你要做什么事情必须首先喜欢它,在做的过程中一定要感到快乐,这样的事情才值得去做。"

如果专业和兴趣相符,就会大大促进专业的学习;反之,如果专业和兴趣不符,就容易使人失去专业学习的动力。大学生应当以兴趣为基础,以专业为导向,建立符合自身成长需要的知识结构。然而在大学校园里,对专业学习不感兴趣成为困扰很多大学生的一个大问题。如何妥善处理专业和兴趣之间的关系呢?

4.3.2 专业和兴趣关系的处理

1. 发现兴趣背后的内涵

一个人对某件事情感兴趣的背后，往往隐藏着深层次的价值观和性格内涵，如对艺术感兴趣，有可能是艺术满足了他做事与众不同、不愿按部就班和希望生活更有品质的心理诉求。能力和兴趣有一定的联系，但不能将兴趣和能力混为一谈，有兴趣不一定就有能力。如果对一件事情感兴趣的时候，自然愿意投入精力，去做这件事情往往也会做得很好，这种正向反馈又会促进兴趣的产生，从而形成良性循环。但这种良性循环不一定仅靠兴趣来实现，而且有兴趣也不一定能形成这样的良性循环。比如，很多优秀的人往往是先通过将较强的责任心投入到某项工作中，然后随着能力的提升，再慢慢地培养起兴趣。在很多情况下，对于选择而言，个人的出发点往往是兴趣和情感，而社会对个人的选择则往往是能力和利益。大学专业的学习，从某种程度上可以说是个人能力的提升，如果没有办法调整专业，则只能将自己的专业学习好，然后在学有余力的情况下，利用其他途径发展兴趣。

2. 寻找专业和兴趣的结合点

人们会对感兴趣的事物给予优先注意和积极探索，并对其心驰神往。兴趣是可以培养和发展的，它的发展通常有三个阶段：感官兴趣、自觉兴趣和志趣。兴趣不只是对事物表面的关心，任何一种兴趣都是由于获得这方面的知识或参与这种活动而使人体验到情绪上的满足而产生的。

有时候，大家对某件事不感兴趣，原因往往是对这件事情没有深入的了解或者是对自己的兴趣没有真正的了解。要了解自己的兴趣，除了采用职业测评外，还可以采用非正式评估的方式进行：在生活中发现自己的兴趣点，针对自己的兴趣点，举例说明具体细节，从具体细节中总结出兴趣所指向的具体内涵，这些兴趣如何与自己的专业学习或者职业理想相结合等。要想把自己的专业学习和自己的兴趣爱好结合在一起，首先要找到二者之间的联系点，比如某个学物理专业的同学喜欢玩滑板，除了正常的滑板学习和练习外，还可以结合自己专业学习中有关力学的知识,研究一下如何更好地做好滑板动作,甚至可以研究如何改造滑板可以使效率更高,这样就能把自己的学习和爱好联系起来。

3. 培养专业兴趣

培养专业兴趣,需要了解这个专业的发展方向并对这个专业有充分全面的认识,这样才会逐渐形成对专业的兴趣。

首先,要做到的是"悦纳",通俗来讲,就是接受自己所学专业无法改变的事实,意识到必须学好这个专业。当然,"接受"也许非常困难,很多大学生容易陷入"不是我学不好,而是我对专业不感兴趣"的辩解中。事实上,生活中有很多事不想做却必须做好,学好专业实际上更多的是一种责任。

其次,要寻找专业学习的闪光点,将自己的兴趣和专业结合起来。例如:中国科学院院士、结构生物学家、清华大学教授施一公,在与清华大学研究生新生的座谈讲话中提到了他自己对专业的兴趣。他在上大学的时候,也没有想好,也非常迷茫,这种迷茫一直持续到博士后完成,那之后他才隐约知道自己要做什么,才下定了决心。他说:"我是在博士毕业半年之后才开始培养兴趣的,现在我的兴趣极其浓厚,可以废寝忘食没日没夜地干,觉得乐在其中。我觉得兴趣是可以培养的,不是说你天生就有,也不是说你听一个讲座突然灵机一动就对一件事感兴趣了,我觉得都不是这样的。"

最后,改变自己的学习方式,摒弃填鸭式的学习,那样对培养专业兴趣并没有什么好处,在学习中找到自己感兴趣的点并且由点及面,形成良性循环,逐渐培养出对这个专业的兴趣。荣誉感也可以成为培养专业兴趣的方式之一。每个人都在一定程度上希望受人关注,参加一些与专业相关的活动,既可以加强对专业的兴趣,又可以提高理论与实践综合运用的水平。

当个人价值与社会价值紧密结合,肩负起历史重任,将民族复兴大业作为自己的自觉追求时,努力学习专业知识的动力就会明显增强。大学生应努力培养和发挥自己的聪明才智,以便毕业后报效国家和社会,推动国家和社会事业的发展,实现"知识报国""实践报国"的志向与愿望!

课堂训练

专业探索

系统梳理本专业的相关内容,加深对专业内涵的理解和把握,掌握专业对应的职业发展方向,正视专业知识的学习,为职业发展打下坚实的专业基础。

了解自己所学的专业,认识专业的价值,思考未来的专业出路。

1. 专业名称 _____
2. 培养目标 _____
3. 核心课程 _____
4. 教学方法 _____
5. 知识和技能 _____
6. 相关专业 _____
7. 本地区产业经济结构及行业发展状况 _____
8. 对口的职业领域和职业生涯路径 _____
9. 近几年毕业生的就业状况 _____
10. 学习方法 _____

单元 5 准备职业未来

案例导入

一个上了年纪的木匠准备退休了,他告诉雇主,他不想再盖房子了,想和他的老伴过一种更加悠闲的生活,他虽然很留恋那份报酬,但他该退休了。雇主看到他的好工人要走感到非常惋惜,就问他能不能再建一栋房子,就算是给他个人帮忙。木匠答应了。

可是,木匠的心思已经不在干活上了,不仅手艺退步,而且还偷工减料。完工后,雇主来了。他拍拍木匠的肩膀,诚恳地说:"房子归你了,这是我送给你的礼物。"木匠感到十分震惊:太丢人了呀……要知道是在为自己建房子,他干活的方式就会完全不同了。

很多人就是那个木匠。

每天,你钉一颗钉子,放一块木板,竖一面墙,但往往没有竭尽全力。终于,你吃惊地发现,不得不住在自己建的房子里。

请思考:

今天的你已经走在职业的路上,特别是在职前实习阶段,如何提升职业素质和培养敬业精神,把理论与实践有机结合,做到"知行合一"?

在探索工作世界的过程中,机会和经验的获得至关重要,需要搜集大量有用且质量较高的信息。随着互联网技术的发展,上网搜集信息已经成为求职遇到问题最常用、最便捷的解决方法,但信息的权威性和有效性需要仔细去辨别。此外,通过学校的职业规划及就业指导课程或讲座,也能够了解职业环境对毕业生的能力需求等。但是这些途径都只是在短时间内单向接收信息,缺少分析、缺少交流、缺少体验,信息的客观性和准确度还需要科学分析和判断。想更深入地探索工作世界,还需要通过职前实习、研读学校就业质量报告和生涯人物访谈等多种途径来进行。

5.1 职业信息的收集

"收集信息,夺得先机",通过各种途径收集职业环境的各类信息,从而更好地了解工作世界,了解职业的发展、需求及动态变化,做好生涯规划。

5.1.1 收集信息的方式

收集信息的方式有静态方式和动态方式。收集信息的途径,有内部途径和外部途径。静态方式主要是通过广告、招聘信息、期刊、新闻报道等方式了解职业世界的情况,信息有一定的滞后性;动态方式是参加讲座、实习、生涯访谈等,信息相对及时。内部途径主要是参考内部刊物、年报或者通过组织内部的人员透露的信息等途径了解,相对困难;外部途径是通过社会关系了解。收集信息的方式见下图。

收集信息的方式

5.1.2 收集哪些信息

1. 最新的政策法规和相关规定

首先要了解国家、省市关于职业发展及就业创业等相关政策和法规,也需要了解目标就业地的用人政策。党的十九大报告指出,人才是实现民族振兴、赢得国际竞争主动的战略资源。近年来,我国各省市展开了人才大战,各地为吸引毕业生前来工作纷纷出台了人才引进的相关利好政策。

2. 人才市场供求信息

首先,要了解当年毕业生总的供求形势,即全国、本地区与自己同时毕业的学生有多少,而用人单位的需求有多少,是供不应求,还是供大于求,或者两者基本平衡,哪些专业人才紧俏,哪些专业供大于求。其次,要更多了解用人单位的基本信息,如用人单位的经营状况,人才制度、企业文化以及人职匹配度等。

3. 宏观职业信息

通过调研或采访业内人士等方式,把握经济发展规律和行业波动规律,特别是对与自己未来发展相关的行业、企业所处的社会环境、经济环境、文化环境等要有所了解,通过对整体行业背景、发展动态、市场动向、就业形势的关注,对未来行业大趋势有预判,生涯规划方向就会更明确。

> **课堂训练**
>
> 现在大家放松下来,做一个假设,我们可以想象一下,如果你顺利地得到了你心仪的工作,现在的你正在上班,你能想象出那是一幅怎样的画面吗?画面里的你,穿的什么衣服呢?手里拿着什么?你是坐着,还是站着?你看到了什么?听到了什么?你的表情是什么样的呢?你的心情又是什么样的呢?现在请你回到当下,想一想,刚才画面里的工作,是不是你现在就想要锁定的目标呢?如果这一切真的发生了,你觉得是因为现在的你做了些什么呢?
>
> 思考并回答:
>
> "一千个人心中有一千个哈姆雷特。"每个人对自己的未来职业都有自己的规划和探索,请描述你想用什么方式获得哪些职业信息。

 ## 5.2　职前实习

歌德曾经说过:"一个人怎样才能认识自己呢?绝不是通过思考,而是通过实

践。"我国也有"纸上得来终觉浅,绝知此事要躬行"的说法,可见,通过信息收集的方式得到的工作世界的信息,可能会让同学们得到相对全面的信息,但可能无法获得某个职业更深入的信息,因此,应该真正走进社会,走上工作岗位去体验。

5.2.1 职前实习的意义

1. 探索工作世界的大窗口

实习是连接学校和社会的最佳渠道。高校学生在真正踏入工作世界之前需要对其有一定的认知。也就是说,在真正找工作前,需要知道工作世界到底是什么样的。不了解工作世界是什么样的,就不能真正将"学以致用,学用统一"有机结合。想要充分了解工作世界是什么、有什么要求,就必须在大学期间深入社会,积极参加职前实习,从知识、能力和实践等方面对工作世界进行选择、认知和准备。

2. 认知专业发展的金钥匙

很多大学生在工作一段时间后通常会有这样的困惑:"自己所学的专业知识不能充分解决工作中的各种问题。"这种困惑的出现多是因为在校学习期间,对专业和相关行业的发展情况不了解。要想更深入地认识专业和相关行业发展,需要到职业世界中去实践,不断完善和提升自己的专业技能,将理论知识运用到实际中去,利用职前实习可以及时发现短板,补齐短板。

3. 提升职业素质的有效途径

当前很多大学生存在眼高手低的问题,理论知识一大堆,实际工作能力却不足,这也导致当前求职与单位招聘之间出现了很大的断层。很多职业人士认为,适应能力和职业修养在职业发展中占据了越来越重要的地位。实习最能锻炼学生的职场能力,实习已经成了许多大学生走进职场、融入社会前的必修课。

5.2.2 如何进行职前实习

1. 按照规划聚焦目标

在寻找一份实习工作时,应该思考这样几个问题:未来希望从事的职业是什么?未来可能进入哪些领域的企业?想从事的工作岗位是什么?基于这些问题寻找与自己未来职业相关的实习环境,这样的实习能帮助学生更好地探索职业环境,提升职业能力。

2. 调查、搜集和分析信息

在确定了实习目标之后,就要做好背景调查和信息搜集,可以通过网络搜集、生涯人物访谈等方法了解目标企业。比如,想进入森工行业实习,首先要了解森工行业每年什么时间招聘实习生,是通过怎样的方式招聘实习生,在实习生选拔上更看重哪些能力等。

3. 尽快完成角色转换

实习时要尝试把自己当成一个真正的职场人,以职场人的标准来要求自己。在实习过程中,要遵守单位的工作纪律。在工作过程中,深入了解工作岗位的用人要求,熟悉真实的工作环境,奠定良好的人际关系。此外,从学生到职业人的转变过程中,会遇到很多校园中从未遇到的问题,还需要培养较强的心理素质和抗压能力。

4. 真正投入到职业中去

实习也要把自己当作"正式员工",遵守工作规则的要求,保质保量完成工作任务。刚离开校园的学生缺乏规范化的职场约束,实习过程能有效地提升情绪管理、时间管理等能力,为未来就业打下良好的基础。

5. 总结提升自我

职前实习可以磨炼意志、提升职业素质,而实践后的总结则可以促进自己提高认知水平,把实践所学与课堂专业学习有机结合,进而完善自我。在实习的过程中,不断深入工作世界,不断了解有关工作世界的相关信息,同学们需要经常性地对一段时间以来的收获和感悟加以总结归纳,进一步内化为自身的能力素质,切实不断地提升自己各方面的能力,不断充实和完善自我,有效提升自身的职业素质。

课堂训练

"试穿"你的职业

众所周知,在买衣服的时候都要先试试才能知道衣服是不是合适,找工作也是这样的。自己现在想做的工作不一定将来会去做,也不一定真的适合自己。那么,同学们怎样才能"试穿"自己的工作呢?可以参加实习,也可以参与学校内的企业校园大赛,还可以参与项目研究等。假如现在要去一个公司进行实地见习,你将会怎样安排自己的实习?

下面给大家一个实习需要准备的范例表,供大家做参考。

实习准备范例表

参访机构、日期:

参访项目:

参访心得:

实习机构、日期:

实习项目:

实习心得:

打工机构、日期:

打工项目:

打工心得:

5.3 培养职业素质

5.3.1 职业素质的概述

1. 职业素质

职业素质是指职业内在的规范和要求,是在职业过程中表现出来的综合品质,包含敬业精神、职业道德、职业技能、职业行为、职业作风和职业意识等。职业素质中,敬业精神和职业道德是最重要的素质。

职业素质是人才选用的第一标准,是决定职场发展空间、上升程度的关键。职业人能否在职场中取得成绩,能否被社会和他人所认可接纳,无一不与职业素质紧密相连。加强职业素质培养与训练,拥有良好的职业素质,才能在未来的职场中立于不败之地。

2. 职业素质的隐性因素和显性因素

1973年,美国著名心理学家麦克利兰提出了一个著名的素质冰山模型,所谓"冰山模型",就是将人员个体素质的整体比喻成一座冰山,根据个体素质的不同表现划分为"冰山以上部分"和深藏的"冰山以下部分"。其中,"冰山以上部分"包括基本知识、基本技能,是外在表现,是容易了解与测量的部分,比较容易通过培训来改变和发展。而"冰山以下部分"包括社会角色、自我形象、特质和动机,是人内在的、难以测量的部分。它们不太容易通过外界的影响而得到改变,但对人的行为与表现起着关键性的作用。

一个人的职业素质分为显性因素和隐性因素。显性因素只占一小部分,而隐性因素占了绝大部分,大部分的隐性因素支撑着显性因素部分。因此,加强对隐性因素的激发和培养,也必将对显性因素的改变起着极大的作用。水面以上的,人们看得见的部分称为显性职业素质,可以通过各种学历证书、职业资格证书来证明,或者通过专业考试来验证。这部分在整个职业素质中约占1/8。冰山的7/8隐藏在水面以下,这部分代表职业意识、职业道德、职业作风、职业心态等方面,是人们看不见的、隐性的职业素质。这些隐性的职业素质具体体现为团队精神、诚信品质、竞争能力、敬业形象、责任意识、法纪观念。隐性职业素质决定并支撑着外在的显性职业素质,显性职业素质是隐性职业素质的外在表现。职业素质冰山理论见下图。

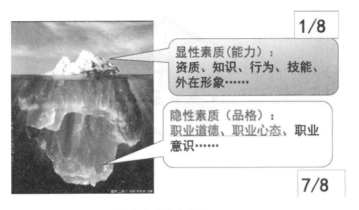

职业素质冰山理论

3. 素质与知识的关系

素质与知识是两个不同的概念，有着各自不同的内涵。二者既有区别也有联系：知识是可见的，可以用语言符号表达出来；素质是不可见的，只可通过相应的能力表现出来；知识可以脱离个体，通过一定的媒介存在，而素质必须借助人的生命和活动表现出来；知识可用考试的方式检测和评价，素质只能通过观察人的实际行动表现出来；素质作为稳定的身心特征，会对人的全部活动或某一类活动起作用。

5.3.2 职业素质的特点

1. 职业性

职业性又称职业特质，是指人与职业行为有关的差异性、内在的个人特点。职业素质是一个人从事职业活动的基础，而职业性和个体所要从事的职业紧密相连。不同的职业，职业素质是不同的。对专业教师的素质要求，不同于对职业农民的职业素质要求；对商业服务人员的素质要求，不同于对医务人员的职业素质要求。因此职业性是和其所从事的职业密不可分的，职业性体现了职业素质的内在要求。

2. 稳定性

个人的职业素质是在长期执业时间中日积月累形成的。它一旦形成，便产生相对的稳定性。良好的职业素质的形成需要内外兼修，是在个人的努力学习、外在环境的熏陶、专门的培训中，经过个体的感悟、实践的锻炼而获得的，是较为稳定的特质,因此,职业素质一旦形成,就具有一定的稳定性。

3. 内在性

职业素质的内在性是一种较为稳定的心理品质,体现着个体对职业素质的理解,从而通过自己的行为方式表现出来。这种内在性的获得是个体在长期的实践基础上形成的。职业人员在长期的职业活动中,有意识地内化、积淀的心理品质,就是职业素质的内在性。

4. 发展性

一个人的素质是通过教育、自身社会实践和社会影响逐步形成的。新时代对个体的职业素质也提出了更高的要求,人们为了更好地适应、满足、促进社会发展的需要,也要不断地提高自己的素质,所以,素质具有发展性。

5.3.3 职业素质的构成

职业素质在人的职业活动和职业行为中发挥着重要的作用,职业素质的构成包含很多方面,现介绍直接表现的几个方面。

1. 思想政治素质

思想政治素质指从业者在政治立场、政治态度、理想信念、价值观念等方面的素质。思想政治素质是职业素质的灵魂。

2. 职业道德素质

职业道德素质指从业者在职业活动中表现出来的,遵守职业道德规范的状况和水平,包括道德认识、道德情感、道德意志、道德行为、道德修养、组织纪律观念等方面的素质。道德素质是职业素质的根本。

3. 科学文化素质

科学文化素质指从业者对自然、社会和思维科学知识掌握的状况和水平。科学文化素质要求从业者有广博精深的知识。现代社会对从业人员的文化素质、知识结构的要求越来越高,对知识技能共性的要求越来越多,从业人员不仅须具备深厚扎实的基础知识,还须具有广博精深的专业知识和大容量的实用的新知识。

4. 专业技能素质

专业技能素质是指在教育者的指导下,通过学习和训练,日渐形成的专业知识、专业技能以及必要的组织管理能力等。能力素质是潜藏在人身上的一种能动力,包括工作能力、组织能力、决策能力、应变能力和创新能力等素质,是影响青年成才的一种智能要素。

5. 身心素质

WHO(世界卫生组织)对健康的重新定义,把心理健康也划入了健康的范畴,"健康不仅仅是没有疾病或虚弱,而是在身体上、心理上和社会适应方面的完好状态"。身心素质是一个人成长、成才的基础素质,其内涵包括健康的身体素质和健康的心理素质。心理素质是人的素质的深层内涵,它在素质体系中处于基础地位、中心位置,是素质的核心。

6. 社会交往和适应素质

社会交往和适应素质主要是语言表达能力、社交活动能力、社会适应能力等。社会交往和适应素质是后天培养的个人能力。

5.3.4 培养职业素质的基本途径

1. 强化职业素质意识

作为职业素质培养的主体,大学生要树立职业意识,由于职业意识是对职业活动的认识、评价、情感和态度等心理成分的综合,所以学生实际上处于求职准备期,具有学生和职业者的双重身份,对未来将从事的职业的认识会存在一定的差异性,对所选专业和未来从事的职业岗位之间未必有较全面的了解,具有一定的盲目性。所以,加强职业素质培养的同时要树立职业意识。要正确认识专业的性质、特点、工作的内容及方法以及应注意事项等,使自己的学习有的放矢,才能很快融入角色,与岗位零距离接触步入正轨。要不断强化这种意识,内化于心,外化于行,形成潜意识,做到知行合一。

2. 养成良好的职业习惯

良好的职业习惯是职业发展的重要的因素。教育家陈鹤琴先生说过:"习惯养得好,终生受其益,习惯养不好,终生受其累。"职业习惯包含了个人的学习习惯和行为习惯。培养良好的职业习惯的基本方法是培养职业道德,而良好的职业道德与学校对学生的道德教育是不可分割的。良好的职业素质已成为高校毕业生在市场竞争中获胜的重要权重,因此大学生不仅要培养自己的专业理论和专业技能,更应该注重培养良好的职业习惯。

3. 发扬团队精神

在职场中,越来越多的企业更加注重团队精神、合作能力,即善于协调关系,团队精神是目标一致、步调一致、行动统一的团结协作精神,更是攻坚克难、吃苦奉献的顽强拼搏精神。良好的工作氛围要在集体中形成,在与人交往中养成。因此,集体荣誉感和团队精神,互助合作的能力,是未来职场发展的关键环节。

4. 利用社会资源加强职业实践

职业实践活动是职业素质培养的关键。在校内期间多从事实践活动,在专业老师的指导下,在模拟工作环境中,运用理论知识,解决实际问题,培养职业能力;也可以利用假期去参加社会实践,无论是否从事与专业相关的工作,这些活动都是培养职业素质很好的机会,认真做好每一件事,在所从事的每项工作中历练,在实践中改进自己以前的职业素质理念,使自己的职业素质得到不断的提高和升华。

课堂训练

李晋是一名高职毕业生,在学校时各方面都非常优秀,担任班级班长,系学生会学习部部长,获得国家一等奖学金,一直自信的他被聘用到一家大型企业的技术员岗位,报到后,领导分配他到车间与工人一样顶岗生产,李晋非常想不通:本来是要我当技术员的,怎么就跟技校毕业生一样了呢?

持李晋这样态度和疑惑的高职毕业生不在少数。虽然在学校时老师一再强调,高职教育培养的是高素质技术技能型专门人才,但是,走上工作岗位和即将走上工作岗位的他们,对自己未来工作环境的预期,几乎都是摆脱生产一线艰苦的工作环境,坐在窗明几净的办公室里。

从企业现实来看,企业需要的是高能力的人才,而学历不等于能力,也正因此,很多企业都把新招聘人员安排到生产一线去顶岗,使之熟悉企业的生产流程,受企业文化熏陶,以便企业了解这些人的实际工作能力。所以,企业是根据人员能力匹配相应的职位,职业发展、提升的空间与平台取决于工作态度和能力。

建议所有像李晋一样的毕业生,要树立正确的观念,踏踏实实地从基层做起。

现代社会的发展日新月异,职业种类繁多,而职业和每个人息息相关,对于从业者的素质要求越来越高。据有关资料表明:良好的职业素质已经成为职业准入的一道门槛。现代企业在选择员工的时候,更注重求职者的综合素质,事实上,一个人的成功智商约占20%,情商约占80%,员工中成绩较好和成绩一般之间最大的差异在于其意志品质、自信心和百折不挠的精神等诸多方面。作为一名即将进入社会的学生,全面培养提高自己的职业素质,是助力未来职场的必经之路,只有具备了良好的职业素质,才会在今后的事业发展中展翅飞翔。

思考并回答:

1. 如果你是李晋,你将怎样面对自己不喜欢的工作?

2. 为什么说全面培养提高自己的职业素质,是助力未来职场的必经之路?

【延伸阅读】——《我的生涯手册》《至关重要的关系》《云梯》《职业锚——发展你的真正价值》

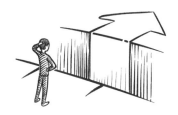

模块三　正确选择——我的世界我做主

 导入语

　　人的一生最难做到的就是认识自己,你认识自己吗?

　　有位哲学家说:"无知的人并不是没有学问的人,而是不明了自己的人。"自我认知是一个人对自我存在的觉察,包括对自己行为和心理状态的认知。职业规划首先需要建立在自我探索的基础上,完整的自我认知需包括兴趣、性格、能力、价值观等方面的探索。通过发觉职业兴趣、培养职业性格、提升职业能力、探索职业价值观,从而制定自我职业生涯目标管理策略,选择科学的职业决策与行动。

单元 6 探索自我

案例导入

小李来自城市,父母是公务员,受家庭的影响,喜欢读书,以优异的成绩考入985高校。进入大学后小李积极参加学校的各项活动,表现可圈可点,获得老师和同学的好评。他擅长交流沟通,是学生眼中的可信任班委,更是辅导员的得力助手。大四时小李成功申请支教保研,将在大学毕业后远赴西部支教一年。对于自己,小李是这样评价的:大学是一个大舞台,希望在大学里实现自己的个人价值,完成从自助到助人的转变。

请思考:小李的学业发展及未来规划是基于什么?

6.1 自我概念

老子说:"知人者智,自知者明。胜人者有力,自胜者强。"意思为:了解他人的人,只能算是聪明;能够了解自己的人,才算是真正的有智慧。能够战胜别人只能算是有力,能够战胜自己的弱点才能算是真正的强者。了解自己到底指的是什么?首先认识一下自我概念。

自我概念是美国职业心理学家唐纳德·舒伯的职业发展理论中的核心概念。他认为,自我概念是指个人对自己的兴趣、能力、价值观及人格特征等方面的认识。一个人的自我概念在青春期以前就开始形成,至青春期较为明朗,并于成人期由自我概念转化为职业生涯概念。

6.1.1 自我认知的方法

在古希腊帕尔纳索斯山南麓阿波罗神庙的一根巨大的石柱上，刻着苏格拉底的一句名言"认识你自己"，卢梭称这一碑铭"比伦理学家们的一切巨著都更为重要，更为深奥"。自我认知的方法有很多，我们可以通过橱窗分析法、测试法、5W法、比较法等方法认识自我。

1. 橱窗分析法

橱窗分析法是自我剖析的重要方法之一。心理学家把对个人的了解比作一个橱窗。为了便于理解，可以把橱窗放在一个直角坐标中加以分析。坐标的横轴正向表示别人知道，负向表示别人不知道；纵轴正向表示自己知道，负向表示自己不知道。橱窗分析法坐标图见下图。

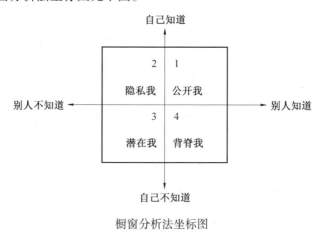

橱窗分析法坐标图

橱窗1为自己知道,别人也知道的部分,称为"公开我",属于个人展现在外、无所隐藏的部分。

橱窗2为自己知道,别人不知道的部分,称为"隐私我",属于个人内在的私有秘密部分。

橱窗3为自己不知道,别人也不知道的部分,称为"潜在我",是有待开发的部分。

橱窗4为自己不知道,别人知道的部分,称为"背脊我",就如一个人的背部,自己看不到,别人却看得很清楚。

通过四个橱窗可知,在进行自我分析的时候,重点是了解橱窗3和橱窗4这两部分。

橱窗3是"潜在我"。科学家研究发现,每个人都有巨大的潜能,人类平常只发挥了极小部分的大脑功能。如果一个人能发挥一半的大脑功能,将能够轻易地学会40种语言,背整套百科全书,拿十二个博士学位。著名心理学家奥托指出,一个人一生所发挥出来的能力,只占他全部能力的4%,也就是说一个人96%的能力还未开发。赫赫有名的控制论奠基人维纳说:"可以完全有把握地说,每个人,即使他是做出了辉煌成就的人,在他的一生中利用他自己的大脑潜能也不到百亿分之一。"由此可见,认识、了解"潜在我",是自我认识的重点之一,把个人潜能开发出来,也是职场新人的头等大事。了解"潜在我"可以通过专业心理分析或心理测试等方式进行。

橱窗4是"背脊我"。如果自己诚恳地、真心实意地征询他人的意见和看法,就不难了解"背脊我"。我们可以采取同自己的家人、朋友、同事等交流的方式,可以借助录音、录像设备,尽量做到开诚布公。想要真正了解"背脊我",就需要有开阔的胸怀,正确对待他人的评价,客观评价自己,做到有则改之,无则加勉,否则,就不可能获得他人真诚的忠告。

对于橱窗2,我们可以采取撰写自传或24小时日记的方式来了解自我。撰写自传,可以了解自身成长的大致经历、自我计划及实施情况等;而24小时日记可以通过一个工作日和一个非工作日经历的对比,使我们了解一些不同常规的侧面信息。职场新人需要对此予以重视,尽管我们还年轻,不需要什么自传,但这却是了解自我的一种有效的途径。

2. 测试法

测试法是通过回答有关问题来认识自己、了解自己。测试题目是由心理学家们经过精心研究设定的，只有如实回答，才能大概了解自己的有关情况。这是一种简便易行的自我剖析方法。随着心理科学的成熟，心理测试技术已日益完善；尤其是标准化的心理测试，测试结果也是相对比较可信的。

现今职业生涯规划中常见的心理测量工具主要分为两大类：正式测评心理量表和非正式测评工具。正式测评是基于统计技术并对大量人群施测后建立起来的，编制、实施、计分和测验分数的解释都遵循严格统一的科学程序，因而又被称为标准化测验。非正式测评是指评估者依据自己的主观性判断，而不是用事实和数字来加以证明的评估方法，并且在运用时不存在统一的程序，也没有对结果的标准化解释，因而具有运用灵活、方便，容易让被测试者充分放松等优点。

正式测评心理量表有：(1)兴趣测评：霍兰德自我指导探索量表(Self-Directed Search，简称 SDS)。(2)性格测评：迈尔斯·布里格斯类型指标测评(Myers Briggs Type Indicator，简称 MBTI)。(3)价值观测评：工作价值观量表(Work Value Inventory，简称 WVI)。

非正式测评工具多采用行为分析技术(通过观察)或自我陈述分析技术(感知、态度、兴趣、经历等)。使用比较广泛的评估工具主要有：职业规划分类卡、生涯彩虹图、职业价值观拍卖、结构化工作表、想象引入、人物访谈等。

此外，国内外常见的其他几种测试方法如人格测试、智力测试、能力测验、职业倾向测验等也都能从不同侧面帮助个体认识和了解自己。

3.5W 法

"5W 法"是一种归零思考，依托的是归零式的模式，从问自己是谁开始。从某种意义上说，回答完这五个问题，也就基本完成了自己的职业决策和职业规划。

(1)Who am I？（我是谁？）

这是对自己的深刻反思，需要将个人所具有的优势和劣势都罗列出来。

(2)What will I do？（我想做什么？）

这是对自我职业发展的一种心理倾向性检查。需要尽可能多地将个人喜欢的、能够满足个人需求、做起来有意义的或者家人希望自己从事的职业罗列出来。

(3)What can I do？（我会做什么？）

这是对个人能力与潜质的全面总结,它将决定一个人的职业定位以及未来职业发展空间的大小。需回顾个人过往成功经历并逐项罗列出来。

(4) What does the situation allow me to do?(环境支持或允许我做什么?)

环境支持包括宏观环境和微观环境两个方面。宏观环境即社会发展趋势、国家就业方针政策、市场经济环境、行业、职业发展空间等;而微观环境是指个人可以利用的学校、家庭资源、地域资源等。

(5) What is the plan of my career and life?(我的职业与生活规划是什么?)

在对上述四个问题有了明晰的答案之后,接下来即是个体为此需要采取哪些行动才能够缩小现在所处位置与理想目标之间的差距。

4. 比较法

(1)通过与别人的比较来认识自我。

只有在人群中间,才能认识自己。一个人对自己价值的认识,是通过与他人的能力和条件的比较获得的。在与他人比较的过程中,应注意比较的参照系和立足点。其一,跟别人比较的应该是行动后的结果,而不应该是行动前的条件;其二,跟别人比较要有标准,而且标准应该是相对标准而不应该是绝对标准,应该是可变的标准而不是不可变的标准;其三,比较的对象应该是与自己条件相类似的人。此外,大学生要努力拓宽生活范围,增加生活阅历,积极参加社会实践和社交活动,这样会有助于个人找到正确的参照系来了解自己。

(2)通过自我比较来认识自己。

与过去的自己比,自己是进步了、成熟了,还是退步了、又犯错误了;与理想中的自我相比,自己还有哪些差距等。前者可以发现自己的成绩和进步,提高自尊和自信;后者可以明确努力的方向,进一步完善自我,但是要注意理想中的自我要切合自己的实际。

(3)通过分析他人对自己的评价来认识自己。

要想了解自己,最好问问别人。从他人的态度和情感中认识自己,明确自我。一个人对自己的认识难免有偏差,因此有必要根据他人的评价、他人对自己表现出的言行态度来认识自己。正如古语所说:"以人为镜,可以明得失。"他人的评价就像一面镜子,可以真实地观测到自己在生活中的表现,了解自己的各项特质。需要注意的是,正如镜子不一定能反映事物本来面目一样,别人对你的评价,由于受多种因素的影响,不一定是完全正确的,所以不能把别人的评价和态度作为唯一的衡量标准,还要充分结合其他有关信息进行综合评价。

6.1.2 影响自我概念的因素

(1)家庭环境和父母教育对一个人的成长起着基础性的作用,所以有一个好的家庭生活环境对一个孩子的成长至关重要。

(2)社会价值观,一个国家和地区的文化生活方式对一个人的自我认知也起着很重要的作用,比如:一般成功的美国人,都具有开拓、创新、勇于冒险的精神,而中国人一般具有勤劳、务实、低调谦和的特性。

(3)参加工作后,工作环境、职业影响和领导的管理也会对人们的自我认知有很大的影响,领导的管理方式、企业的文化也会潜移默化地影响到你的判断和对事物新的认识。

(4)人生中不平凡的经历,或者重大挫折,必然会对个性的产生和自我认知有很大的影响。所以要树立正确的价值观,不断提高自己的抗困难能力。

请思考:一个完整的自我探索需要从兴趣、性格、能力、价值观四个方面来进行,那么,你的兴趣、性格、能力、价值观是什么呢?

6.2 培养兴趣

6.2.1 兴趣的含义

兴趣是基于精神需求或者物质需求而对某个事物或某项活动充满热情,想要积极探索这个事物或者从事这项活动。兴趣会激发个人的欲望,主动性较强,兴趣与人们的认识和情感相关联,它的产生一定是基于对事物和活动认识的基础之上,与此同时也产生了一定的情感。认识越深刻,情感越丰富,兴趣则越浓厚。人们对于感兴趣的事物或活动给予优先的关注和积极的探索。

6.2.2 兴趣的分类

(1)根据个人的关注度和倾向性不同,兴趣可以分为有趣、乐趣和志趣三个阶段。

有趣是指最初级的兴趣水平,当有趣趋向专注和集中,并对某一客体产生特殊的爱好时,就成为乐趣。志趣是在乐趣的基础上发展起来的,是兴趣的第三个阶段和高级水平。志趣具有很高的社会价值,且与个人的远大理想和目标联系起来,大学生对一种事物或职业产生兴趣多数是凭个体感觉,对兴趣对象没有足够的了解和认识,且不愿付出太多的行动,这也是造成大学生职业兴趣不稳定的原因之一。

(2)根据所涵盖范围的不同,兴趣可以分为专业兴趣、生活兴趣和职业兴趣三种。

专业兴趣是对一门学科、一门技能或一个专门的事情的兴趣,多数指大学所学专业的兴趣,也包括自我钻研的第二专业。大家通常所说的健身、摄影、书法等兴趣爱好即为生活兴趣,是提高生活品质,让生命多元化发展的助力器。专业兴趣和生活兴趣可以是一致的。当人的兴趣对象指向职业活动时,就形成了职业兴趣。职业兴趣是指一个人力求了解某种职业或进行某种职业活动的心理倾向,表现为对某种职业的选择性态度或积极的情绪反应。职业兴趣是影响人们工作满意度、职业稳定性和职业成就感的重要因素,同时也是对职业进行分类的重要基础。

人的兴趣很多,是不是每种兴趣都可以转化为职业兴趣?是不是每种兴趣都可以找到与之相联系的职业和专业?一个人的所有的兴趣是否又都应该或能够在自己的职业中得到满足?实际生活中,兴趣和职业往往是交织在一起的,虽然将兴趣划分为职业兴趣和非职业兴趣,但如果注意一下那些非职业兴趣,就会发现几乎所有的兴趣都与一个人的职业生涯有一定的关系。例如,爬山的兴趣可以演变为登山或户外运动的工作,逛商场、购物的兴趣也可以演变为采购或着装指导的工作,甚至玩电脑游戏也可以演变为游戏设计方面的工作等。

当然,由于受到兴趣的广泛性和很多现实情况的影响,并不是所有的兴趣都应该或能够在自己的职业中得到满足。兴趣也可以通过兼职、志愿活动、参加社团、业余爱好等多种方式来实现。但大量的研究表明,兴趣和工作满意度、职业稳定性和职业成就感之间存在着明显的关联,因此在选择职业的时候,有必要将兴趣作为一项重要的因素考虑进去。兴趣或职业兴趣在人的职业选择和整个职业生涯发展中虽然不起决定作用,但做到工作和个人兴趣的适度统一是十分必要的。

6.2.3　兴趣与生涯发展的关系

职业兴趣在人们的职业活动中,甚至在个体整个的生涯发展过程中都有着重要的影响。

首先,职业兴趣影响人们的职业定向和职业选择。求职过程中,人们会自觉不自觉地考虑到自己对某方面的工作是否喜欢、是否感兴趣。

其次,职业兴趣能开发人的工作能力,激发人们探索和创新欲望。有资料显示,如果一个人对某一工作感兴趣,就能够发挥他全部才能的80%～90%,并且能较长时间保持高效率而不感到疲劳,而对工作缺乏兴趣的人,只能发挥其全部才能的20%～30%,也容易疲劳、厌倦。另外,有人曾对美国成功人士进行了一项调查,结果表明,他们之中94%以上的人都从事着自己喜欢的工作。

最后,职业兴趣可以增强人的职业适应力,使人更快地适应职业环境和职业角色。

6.2.4　职业兴趣类型

认识自己的兴趣,探索一个感兴趣的职业是很现实的问题,需要达到职业和人相匹配的状态。在这方面的研究成果影响最大的是美国约翰·霍普金斯大学心理学教授,美国著名的职业指导专家约翰·霍兰德。约翰·霍兰德于1959年提出了具有广泛社会影响的职业兴趣理论。他认为人的人格类型、兴趣与职业密切相关,兴趣是人们活动的巨大动力。从事具有职业兴趣的职业,可以提高人们的积极性,促使人们积极地、愉快地从事该职业,因此职业兴趣与人格之间存在很高的相关性。

霍兰德认为人格可分为实际型、研究型、艺术型、社会型、企业型和传统型六种类型,每个类型的人格都有其各自的人格倾向,可用一个六角形模型来体现,霍兰德对每一种人格类型的描述,都是该种特质理想的、典型的形式。而在现实当中,没有哪一种描述能一丝不差地恰好符合某一个人的情况。因此,为了比较全面地描绘个人的人格类型,通常用最强的三个人格类型的字母代码来表示一个人的人格类型,这个代码就称为"霍兰德代码"(Holland code)。这三个字母的顺序表示了人格特征的强弱程度的不同。

同样,职业环境也可以分成相应的六大类,每个类型的人格都有其擅长的职业环境。人格与职业环境的匹配是形成职业满意度、职业成就感的基础,一个人如果能够在与他的人格类型相符的职业环境中工作是容易成功的。六角形对应的职业环境见下图。

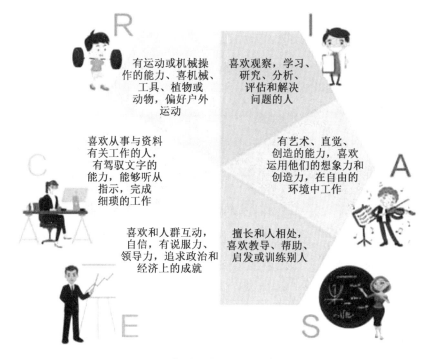

六角形对应的职业环境

霍兰德提出了六角形模型来解释六种职业类型之间的关系(见下图):在六角形模型中,六种类型被表示为三种关系:即相邻关系,如企业型和社会型;相隔关系,如研究型、传统性与社会型的关系;相对关系,如实际型和社会型的关系。任何两种类型之间的距离越近,其职业环境及人格特质的相似程度就越高。如企业型和社会型在六角形模型中是相邻的类型,它们的相似性也最高,这两种类型的人都比其他类型的人更喜欢与人打交道,只是他们打交道的方式不同而已。而实际型和社会型正好处于相对的位置,这就意味着其相似性最低。研究型和社会型则具有中等程度的相似性。六角形模型也可以表明六种人格特质类型之间的一致性。六角形模型可以帮助大家对人格特质类型与职业环境类型之间的适配性进行评估。例如,一个社会型人格特质占主导地位的人在一个社会型职业环境中工作会感到更舒畅,但如果让他在一个实际型的工作环境中工作,他可能就会感到不舒服,因为这两种类型具有不同的特点。因此在现实生活中,人们要尽量选择与自我兴趣类型匹配的职业环境,这样可以最好地发挥个人的潜能。

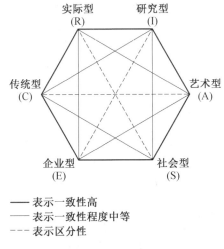

六种职业类型之间的关系

霍兰德同时指出,应该注意人格特质模型之间的区分性。假设运用霍兰德的自我指导探索量表对两个人进行测试的结果是:他们前3个字母代码的顺序相同,都为RAS,但对应的R、A、S的得分分别为30、20、10和22、21、19,很显然这两组代码的类型是很不相同的。前一种分数组合代表的是"区分性"或稳定性高的模型,而后一种的"区分性"则不够。像这种分数接近的类型,不但要对其前3个字母的组合进行研究,同时也要对其他6个可能的组合进行研究。

霍兰德根据大量的职业咨询经验以及他所创立的"人格类型"理论编制了职业兴趣的测评工具:霍兰德职业兴趣量表,并将其作为职业选择的首选工具,霍兰德职业兴趣量表被国内外几乎所有的职业机构以及很多大学所应用,大家可以借助兴趣探索练习和标准化测试,使用霍兰德职业兴趣量表来对自己的兴趣进行分类组织,确认自己的霍兰德代码,并通过使用霍兰德职业索引找出与自己的霍兰德代码相对应的职业,了解自己真正的职业兴趣,在职业选择时可以将其作为重要依据。

6.2.5 职业兴趣的测量

为了更加科学地探索职业兴趣,很多心理专家和职业指导专家编制了职业兴趣测验。1927年,斯特朗编制了斯特朗职业兴趣调查表,是最早的职业兴趣测验。库德又在1939年发表了库德爱好调查表。霍兰德理论提出以后,对职业生涯辅导产生了广泛的影响。有许多被广泛使用的测评工具都以霍兰德的类型论为依据,经过测评,通常会得到一个由三个字母组成的霍兰德代码,以及与这一代码相匹配的一些职业。这些测评工具都可以作为个人进行自我探索的有用工具。

1. 测评工具的选择

在选择测评工具时,要尽量去选择那些正规的、权威的测验,注意测验是否符合一些心理测量的基本标准,如是否具有良好的信度和效度,是否提供了参照常模,如果是自助式测评还需要有较为清晰的测评报告等。现在国内已有很多引进和自主研制的测验,而且在网上也有很多免费的测验,这就需要在测量前进行优化选择。

2. 施测及对结果的解释

在使用测评工具时,要看清指导语,根据施测要求进行施测。对于结果的解释,按照规范的做法,除了自助式的测评以外,通常要求由职业生涯辅导专业人员实施测评,并对测评结果进行专门的解释说明,帮助被测评的人正确理解测评的含义。但国内的测评工具发展还欠成熟,专业的职业生涯辅导老师也很缺乏,在解释说明上面比较混乱。因此,要特别注意不要滥用、迷信测评,以免被误导。

3. 如何看待职业兴趣测验

严格地讲,兴趣测评的结果不能被解释为"哪种职业适合我",只能说是根据测评的常模样本,拥有某类型兴趣特征的人通常会更多选择某些类型的职业,并且在这样的职业中感觉比较愉快、满足。由于同一种职业在不同的机构内其性质和工作内容也可能有很大不同,所以要具体情况具体分析,做兴趣测试的目的是增进对自我及工作世界的认识,拓宽其在职业前景上的思路,为未来发展提供方向性的指导,而不是限定自己。因此不要局限于测试结果所建议的职业,也不要盲目地给自己的职业类型贴标签,限制自己。

4. 职业兴趣测验的局限性

随着测量理论的发展,测量技术的不断进步,兴趣测验的质量得到很大提高。但被测者在做兴趣测验时毕竟是根据个人的认识而做出判断的,这就免不了会出现一些偏差。首先,有些人在做职业兴趣测验时会受到自己价值观、能力的影响而得到与自己实际职业兴趣相偏离的结果；有的人可能由于对自己的喜好并不清楚，或者测试时心理状态不稳定等，在做兴趣测评时很难做出准确的判断，从而导致几次测验结果不一致；还有的人受到环境和实践经历的局限而没有发挥或没有意识到自己的兴趣，这会使得测评结果出现几种兴趣类型的分值都相差无几的现象。基于上述局限，大学生要树立这样一种观念：做职业兴趣测评，重要的不是得出某个确定的职业结果，而是以兴趣类型作为自己探索和定位的参考依据。

6.2.6 当代大学生职业兴趣的特点

职业兴趣测验在实践中不断完善。运用职业测评，既可以了解个体职业兴趣的状况，又为个人择业提供参考，还可以通过对群体测评结果的分析而把握某个特定群体的职业兴趣特点。当代大学生职业兴趣的特点主要表现在以下方面。

1. 职业兴趣模糊

很多学生，特别是低年级的学生，由于陷于安逸的生活和纷繁的诱惑中，而对自己的职业生涯没有足够的认识，对职业兴趣关注较少，对自己在职业上的喜好和倾向知之甚少或模糊不清。

2. 职业兴趣范围较窄

很多学生认为自己兴趣点少、内容不丰富。根据个体内心体验和外在表现的明显程度，可以把职业兴趣分为显性职业兴趣和隐性职业兴趣。人的隐性兴趣的范围是很广泛的，上面所说的兴趣不广泛主要指的是显性职业兴趣。有关资料显示，在校学生除了自己的专业兴趣较明显外，其他的兴趣得分都很低。造成这种现象的原因主要就是很多大学生思维不开阔，缺乏认识和实践，没能把自己的隐性职业兴趣上升为显性职业兴趣。

3. 兴趣的稳定性不够，结构不合理

人的兴趣是处在发展变化中的，但在一定时期内保持个体基本兴趣的稳定性则是个体良好的心理品质的体现，人具有较为稳定的兴趣才能把工作持续做下去，从而把工作做好，取得创造性成就。大学生职业兴趣的稳定性不够，持续时间不长，且有从众心理。在兴趣的结构上，许多大学生没有体现出层次感，有的学生各方面的兴趣程度都差不多，或重心易出现偏移，没有形成较为稳定的中心职业兴趣。这些对他们以后的发展都会有影响。

4. 兴趣效能低，职业倾向差

兴趣的效能指个体兴趣推动工作或活动的力量。低效能兴趣很少甚至不能产生实际的效果，仅仅是一种向往，一种懒惰。大学生的很多兴趣对学习和工作没有多少益处，并且没有一定的职业倾向，无效的兴趣较多。如很多学生喜欢上网聊天、打游戏、玩扑克，甚至睡觉，这都是懒惰、消遣享受的心理表现。提高学生兴趣效能，引导其原有兴趣的职业倾向，是非常必要的。

5. 兴趣的发展水平较低，对兴趣对象的了解和付出较少

大学生对一种事物或职业产生兴趣多数是凭个体感觉，对兴趣对象没有足够的了解和认识，且不愿付出太多的行动，这也是造成大学生职业兴趣不稳定的原因之一。

6. 缺乏对兴趣职业的信心

现代社会竞争激烈，高校毕业生逐渐增多，巨大的就业压力造成大学生择业的悲观情绪，渴求工作的心理很强，但对自己的职业兴趣顾及很少。有资料显示，56%的学生认为与专业相关的工作几乎没有，84%的学生认为找工作是会考虑兴趣爱好，但迫于就业压力，对职业兴趣的关注则很少。另外，学校重视高就业率，忽视了学生的职业兴趣发展方向和对职业的后续发展支持，这也是影响学生对兴趣职业产生信心的方面。学生对自身能力、市场需求等的认识不足则是造成他们信心不足的主观原因。

大学生职业兴趣偏企业型、艺术型、社会型：企业型特点的人通常精力充沛，自负、热情、自信，富有冒险精神；艺术型特点的人通常善于表达，直觉力强，创造力和想象力丰富；社会型的人则喜欢那些需要与人建立关系、与群体合作、与人相处及通过谈话来解决问题和困难的工作环境。在校学生在这三个方面的倾向表现较为明显，这表明大学生具有爱想象、冲动、凭直觉做事、理想化、有创意、不重实际、不善于做事务性工作的特点。他们不喜欢从事现实的、常规的和研究性的工作，内心较为浮躁，想法不切实际。

6.2.7　培养与提升兴趣

1. 在科技竞赛中发掘兴趣

在学习过程中，大家不难发现这样的情况：学习打乒乓球，刚开始大家一般会表现出较高的热情,但到了枯燥的练习阶段时,往往会不耐烦,注意力不集中,甚至会觉得对乒乓球也不是那么感兴趣。而参加乒乓球训练的学生,经历过相关比赛的洗礼,则不会感到无趣,反而学起来动力更足,对提高自己的球技更加积极主动。

明确行为的目的才能进而培养学生的间接兴趣。大家平时往往只重视学生的直接兴趣而忽略了学生的间接兴趣,导致学生的兴趣并没有真正地被建立起来,比如学生喜欢用计算机而不喜欢上计算机课程。

科技竞赛的目标可以驱使大学生培养间接兴趣。学校会组织很多科技创新的活动和竞赛,参与科技竞赛既可以丰富大学课余生活,又可以将被动的课堂学习转化为主动的自我学习,对于培养个人兴趣有着积极的引导作用。同时科技竞赛的成果又可以给大学生带来荣誉,目标驱使的主动学习,可以促进兴趣的培养。

课堂训练

法布尔被世人尊为"昆虫界的荷马,昆虫界的维吉尔"。无论是在学校的上课时间,还是在辛苦的劳作,法布尔对昆虫的喜爱都一如既往。随着年龄的增长,法布尔对昆虫的喜爱与日俱增,并越来越成熟,最终成功地谱写出"昆虫界的史诗"——《昆虫记》。

法布尔让人们明白培养兴趣的重要性。《昆虫记》中的一句话让人印象深刻:"我研究花,研究虫子;我观察着,怀疑着;不是受到遗传的影响,而是受到了好奇心的驱使和对大自然的热爱。"想必每个人都有这样的感觉,如果做自己喜欢的事,就会倾心地去做,这就是兴趣的作用。如果人们能果断发现并善用自己的兴趣,在自己的兴趣上倾尽自己的全力,就能取得很大的成就。法布尔就是这样的例子,最终法布尔成为昆虫界的高等学者。

思考并回答:
你想培养哪方面的兴趣,如何培养?

2. 在实习实践中激发培养兴趣

积极体验,开阔视野,增强认识是培养兴趣的基础。认识是兴趣产生的基础,培养兴趣首先要对事物本身有基本的认识,认识积累到一定程度而产生兴趣。如培养绘画的兴趣,在学习画画之前,大家首先要对画画有一个激发兴趣的认识过程,原来用笔可以描绘出如此生动的画面,然后了解原来笔也是分不同种类的,有铅笔、碳素笔、油画笔等,即使铅笔也分软硬度。了解得越深入,积累的知识越多,越能激发人们探索的欲望,进而形成兴趣。而接触面少、知识匮乏的人,兴趣面也会窄。认识可以是培养兴趣最直接的方式,可以使新鲜的事物或内容在感官上产生一种新异的刺激。这种刺激反应表现强烈但比较短暂。人们接触、认识新事物时,往往表现出极大的兴趣,这种兴趣也较容易被激发,但在不断重复中,兴趣就大不如前了,甚至随着难度的增加而失去兴趣。兴趣是对活动本身感兴趣,因而要培养这种直接兴趣,应使活动本身丰富而有趣。例如,有趣的游戏活动能引起幼儿参与群体活动,体验社会角色的兴趣;新颖的教学内容和教学方法,能激起学生学习知识的兴趣;生动的课外实践活动,能培养学生学习实践操作、动手动脑、发明创造的兴趣;开展劳动竞赛、体育比赛、文体活动,能激发学生对劳动、学习、体育、文体活动的热情与兴趣。

课堂训练

小明是一个聪明认真的学生。他喜欢研究精神病学,并选了这个专业。他来自木匠世家,从小耳濡目染,对木工也非常感兴趣,另外,他还喜欢植物学。但是,人的精力是有限的,因此,他一直在思考能否把三个兴趣整合起来。

通过一系列的探索训练后,小明发现自己的职业兴趣是:精神病学、植物学和木工手艺。他开始从这三个职业兴趣中确定自己要从事的职业。首先,他开始广泛地与人交谈,试图通过交谈了解更多的关于这几个专业的信息、关于职业兴趣选择的信息,以及与上述三个专业有关的专家的信息等。其次,开始寻找各个专业的有关专家,每个专业选择2~3个专家进行有效交谈,并听取职业指导师的意见。最后,他终于在一个专家那里得到消息:"这三个专业可以结合在一起,精神病理学有一个分支就是用植物来帮助治疗患者,特别是当这个患者患了精神分裂症时。这就能结合你在精神病学和植物学方面的兴趣了,至于木工手艺,我想你可以用它为你的植物打造花盆。"小明的三个兴趣及其整合见下图。

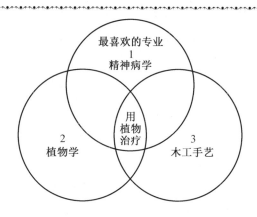

小明的三个兴趣及其整合

对职业兴趣进行整合,最重要的恐怕就是对感兴趣的职业或专业的了解。如果每个人拥有丰富的知识和经验,知道它们整合在一起是个什么样子,这样当然是很好的。但当没有足够的自信做好这一点时,最好的方式就是像小明那样去向有关专家询问,找出那几个兴趣职业的交集,把它们整合起来。

将最喜欢的三个专业或兴趣,以及这三个专业或兴趣结合在一起的领域填入图中对应的位置处。

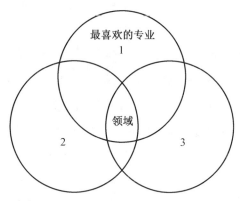

思考并回答:

你在哪些学习和实践中发现了自己的兴趣所在?

3. 在扩展认知中培养优良的兴趣品质

所有人身处的环境、接受的教育及自身的条件各不相同,所以每个人的兴趣都带有个性特征,要根据个人条件进行兴趣爱好的自我培养。例如,有些人的兴趣广泛却不集中,就应加强中心兴趣的培养;有些人的兴趣单一却不广泛,就应加强兴趣广泛性的培养;有些人的兴趣短暂易变,就应加强兴趣稳定性的培养;有些人的兴趣消极被动,就应加强兴趣效能性的培养;有些人的兴趣在网络游戏上,容易沉迷,就需要加强兴趣引导,注意培养其兴趣的品质。

课堂训练

兴趣岛

你获得了一次免费度假的机会,有下列6个岛屿可供你选择。认真阅读各个岛屿的介绍,按照后面的要求做出选择。不过,需要注意的是,一旦选择了一个岛屿,就要在上面生活至少半年的时间。

R岛:自然原始的岛屿。岛上保留有热带的原始植物,自然生态保持得很好,也有相当规模的动物园、植物园、水族馆。岛上居民以手工见长,自己种植花果蔬菜、修缮房屋、打造器物、制作工具。

I岛:深思冥想的岛屿。岛上人迹较少,建筑物多僻处一隅,平畴绿野,适合夜观星象。岛上有多处天文馆、科博馆及科学图书馆等。岛上居民喜好沉思、追求真知,喜欢和来自各地的哲学家、科学家、心理学家交换心得。

A岛:美丽浪漫的岛屿。岛上充满了美术馆、音乐厅,弥漫着浓厚的艺术文化气息。同时,当地的居民还保留了传统的舞蹈、音乐与绘画,许多文艺界的朋友都喜欢到这里找寻灵感。

S岛:温暖友善的岛屿。岛上居民个性温和、十分友善、乐于助人,社区均自成一个密切互动的服务网络,人们互助合作、重视教育、弦歌不辍,充满人文气息。

E岛:显赫富庶的岛屿。岛上的居民热情豪爽,善于企业经营和贸易。岛上的经济高度发展,处处是高级饭店、俱乐部、高尔夫球场。来往者多是企业家、经理人、政治家、律师等。

C岛:现代、秩序井然的岛屿。岛上建筑十分现代化,是进步的都市形态,以完善的户政管理、地政管理、金融管理见长。岛民个性冷静保守,处事有条不紊,善于组织规划。

下面开始进行岛屿计划。

·不要考虑其他因素,仅凭自己的兴趣按一、二、三的顺序挑出最想前往的3个岛屿。

·将教室分为6个区域,分别代表上述6个岛屿。按自己第一选择的岛屿就座。如果同一小组的人太多,可以分成两个小组。

同一小组的人交流:自己为什么选择这个岛屿?看看大家有什么共同的兴趣爱好,归纳为关键词。

根据大家的交流给自己的小组命名并选取一个标志物(logo),在大白纸上制作一个本小组的宣传图。每个小组请一位代表用2分钟的时间展示自己小组的宣传图,并在全班分享自己小组成员共同的特点。

·记录自己的选择和本小组的讨论成果。

我最想前往的3个岛屿:＿＿＿＿＿＿＿＿＿＿＿＿＿＿＿＿＿

我们的岛屿名称:＿＿＿＿＿＿＿＿＿＿＿＿＿＿＿＿＿＿＿

岛屿标志物及其含义:＿＿＿＿＿＿＿＿＿＿＿＿＿＿＿＿＿

岛屿关键词:＿＿＿＿＿＿＿＿＿＿＿＿＿＿＿＿＿＿＿＿＿

这6个岛屿实际上代表着霍兰德提出的6种职业兴趣类型,通过这个活动,大家应该对这6种职业兴趣类型有所了解,并且会对兴趣类型有个初步判断。但一个人对自己职业兴趣的判断并不是件很容易的事,需要有积极认真的态度和行动及对相关理论知识的了解和认识。

 ## 6.3 发掘职业性格

6.3.1 认识性格

1. 性格的含义

性格是指表现在人对现实的态度和相应的行为方式中的比较稳定的、具有核心意义的个性心理特征,它是一种与社会关系最密切的人格特征,在性格中包含有许多社会道德含义。性格表现了人们对现实和周围世界的态度,并体现在个人的行为举止中,主要体现在对自己、对别人、对事物的态度和所采取的言行上。

2. 性格与职业生涯发展的关系

有人曾把性格比作脚,把职业比作鞋。合脚的鞋子能使你行走起来轻松自如,健步如飞;而不合脚的鞋子再漂亮也会夹脚。一生仕途坎坷的孔子,已经深刻认识到性格对事业发展有着重要的影响。性格,不仅使我们在某些情境中会出现相同的行为类型;也会使我们在某些情境中感到如鱼得水般的自在;甚至进而会导引我们寻求相类似的环境和工作。心理学家认为,个人风格与职业类型之间的一致性决定了工作上的适应、满足与成就。性格和职业之间的相符性或适合性愈高,则事业的成功希望就愈大。不同的职业需要不同个性特点的人去做。如果能够正确认识并充分利用这种差别,根据性格选择职业,就能做到人尽其才,大大提高择业竞争力和职场成功的概率。如果能够在个人的职业生涯发展中扬长避短,就能更好地发挥自己的聪明才智和一技之长,从而将一个人的无限潜能源源不断地挖掘出来。因此,了解自己的性格特点是进行职业生涯规划的一个重要环节。

> **课堂训练**
>
> 有一对双胞胎兄弟,哥哥是极端的悲观主义者,弟弟则是十足的乐天派。在他们7岁生日当天,家里人试图扭转兄弟俩极端的性格,为他们准备了不同的礼物,给哥哥的是一辆崭新的自行车,给弟弟的则是一盒马粪。拆礼物的时候到了,所有人却都为他们的反应而吃惊。哥哥拆开看到是一辆自行车的时候,居然号啕大哭,说自己不会骑自行车,并且抱怨为什么礼物是一个自己不会使用的东西。而弟弟看到一堆马粪的时候竟然欢呼起来,开始四处找寻,并向父母询问:"马藏在哪里?"
>
> 思考并回答:
>
> 假如收到自行车的生日礼物你会有什么反应?假如收到马粪你又会有什么反应?

3. 关于 MBTI

瑞士心理学家荣格将性格差异分为内向型和外向型、直觉型和感觉型、思考型和情感型及判断型和知觉型。基于荣格的性格理论,美国的凯恩琳·布里格斯和她的女儿伊莎贝尔·布里格斯·迈尔斯共同研制开发了当今世界上应用最广泛的性格测试工具——MBTI。MBTI 的全称为迈尔斯-布里格斯类型指标,是一种迫选型、自我报告式的性格评估工具,用以衡量和描述人们在获取信息、做出决策、对待生活等方面的心理活动规律和性格类型。作为具有许多研究数据支持,信度、效度都较高的心理测评工具,它的用途非常广泛,被用于了解自我、职业发展、人才选拔、团队建设、管理培训、婚姻咨询、教育(学业)咨询与多元文化培训中。经过了长达 50 多年的研究和发展,MBTI 已经成为当今全球最为著名和权威的性格测试。

(1) MBTI 的维度解析。

MBTI 理论将人的性格区分为四组维度,每组两个向度,据此就划分出 16 种不同的心理类型。

MBTI 从四个维度考察一个人的类型偏好,每个维度偏好二分法均由两极组成。

个体对四种维度的偏好,是在各个因素的相互影响下形成的。一般来说,在 MBTI 上的得分说明个体对某一态度或功能的偏好可能比该维度上另一态度的偏好要明显。差异较大的分数意味着个体的偏好很明显,接近的分数意味着个体的偏好可能由于某种原因不明显,但得分并不能说明个体能很好地运用或发展某种偏好。此外,主导偏好并不意味着个体不具备那些不占主导地位的偏好,例如外倾型的人有时也会愿意独处,而内倾型的人有时也是喜欢社交的。主导偏好只不过表明那是个体最习惯的方式。

（2）MBTI 维度解释，见下表。

MBTI 维度解释表

能量倾向：你更喜欢将自己的注意力集中于何处？你从何处获得活力？E-I 维度	
外倾 extroversion（E） 注意力和能量主要指向外部世界的人和事，而从与人交往和行动中得到活力 关注外部环境 喜欢用谈话的方式进行沟通 通过谈话形成自己的意见 用实际操作或讨论的方式能学得最好 兴趣广泛 好与人交往，善于表达 先行动，后思考 在工作和人际关系中都很积极主动	内倾 introversion（I） 注意力和能量集中于自己的内心世界，从对思想、回忆和情感的反思中得到活力 关注自己的内心世界 更愿意用书面的方式沟通 通过思考形成自己的意见 用思考、在头脑中"练习"的方式学得最好 兴趣专注 安静而显得内向 先思考，后行动 当情境或事件对他们具有重要意义时会采取主动
接受信息：你如何获取信息？S-N 维度	
感觉 sensing（S） 用自己的五官来获取信息。喜欢收集实实在在的、确实已出现的信息。对于周围发生的事件观察入微，特别关注现实 着眼于当前的实际情况 现实、具体 关注真实的、实际存在的事物 观察敏锐，并能记住细节 经过仔细周详的推理一步步得出结论 通过实际运用来理解抽象的思维和理论 相信自己的经验	直觉 intuition（N） 通过想象、无意识等超感觉的方式来获取信息。喜欢看整个事件的全貌，关注事实之间的关联。想要抓住事件的模式，特别善于看到新的可能性 着眼于未来的可能 富于想象力和创造力 关注数据所代表的模式和意义 当细节与某一模式相关时才能够记得 靠直觉很快得出结论 希望在应用理论之前先能对之进行澄清 相信自己的灵感

续表

处理信息:你是如何做决定的? T-F 维度	
思考 thinking (T) 通过分析某一行动或选择的逻辑后果来做出决定。会将自己从情境当中分离出来,对事件的正反两方面进行客观分析。从分析和确认实践中的错误并解决问题中获得活力。目标是要找到一个能应用于所有相似情境的标准或原则 好分析的 运用因果推理 以逻辑的方式解决问题 寻求一个合乎真理的客观标准 爱讲理的 可能显得不近人情 公平意味着每个人都能得到平等的待遇	情感 feeling (F) 喜欢考虑对自己和他人来说什么是重要的。会在头脑中将自己放在情境所涉及的所有人的位置上并试图理解别人的感受,然后在此基础上根据自己的价值判断做出决定。从对他人表示赞赏和支持中获得活力。目标是创造和谐氛围,把每一个人都当作独特的个体来对待 善于体贴他人、感同身受 受个人价值观的引导 衡量决定对他人产生的后果和影响 寻求和谐的气氛和积极的人际交往 富于同情心 可能显得心肠太软 公平意味着每个人都被作为独特的个体来对待
行动方式:你如何与外部世界打交道? J-P 维度	
判断 judging (J) 喜欢将事情管理得井井有条,过一种有计划的、井然有序的生活。喜欢做出决定,完成后继续下面的工作。生活通常会比较有规划、有秩序,喜欢把事情敲定下来。照计划和日程安排办事对他们来说很重要。从完成任务中获得能量 有计划的 喜欢组织管理自己的生活 有系统有计划 按部就班 爱制订短期和长期计划 喜欢把事情落实敲定 力图避免最后一分钟才做决定或完成任务的压力	知觉 perceiving (P) 喜欢以一种灵活、自发的方式生活,更愿意去体验和理解生活而不是去控制它。详细的计划或最后决定会使他们感到被束缚。愿意对新的信息和选择保持开放,直到最后一分钟。足智多谋,善于调节自己适应当前场合的需要,并从中获得能量 自发的 灵活 随意 开放 适应、改变方向 不喜欢把事情确定下来,以留有改变的可能性 最后一分钟的压力会使他们感到活力充沛

对照表中对每个偏好的解释,在下面的横线上写下自己的 MBTI 类型:_____

在 MBTI 测评结果中,每个维度上一个人只能是一种偏好,如一个人是内倾的就不可能是外倾的,是知觉型的就不会是判断型的。但是,这并不代表一个人是内倾的就没有丝毫外倾的特征,这就好像右利手的人不代表他的左手完全没有用处,有很多时候需要左右手配合。性格也是如此,一个人如果是内倾,就意味着在绝大多数情况下其自然反应是内倾的,但也有外倾的时候。在特别的情境下,甚至可能主要表现为外倾。所以,不要绝对地看待测评的结果。

4. 性格类型的确定

通过对内向型(I)和外向型(E)、感觉型(S)和直觉型(N)、思考型(T)和情感型(F)、判断型(J)和知觉型(P)性格的判定,每个人都会得到一个由四个字母组成的性格类型代码。通过性格类型代码,人们可以在下表中找到对应的性格类型。如 ESFJ 在表中对应的是主人型性格。

MBTI 性格类型表

	感觉 S	感觉 S	直觉 N	直觉 N	
外向 E	管家型	主人型	教导型	统帅型	判断 J
外向 E	挑战者型	表演者型	公关型	智多星型	知觉 P
内向 I	冒险家型	艺术家型	哲学家型	学者型	知觉 P
内向 I	检查员型	照顾者型	博爱型	专家型	判断 J
	思考 T	情感 F	情感 F	思考 T	

此外,在使用 MBTI 性格类型表的过程中需要注意以下几点。

①性格类型表中列出的性格类型具有一定的概括性、抽象性,不代表艺术家型性格的人将来一定要做艺术家,表演者型的人将来应该从事表演行业。这些词语只是对性格类型的一种描述。

②性格倾向不可能简单地通过一两个活动或游戏就可以判定,大家重点学习性格探索的方法,大家可以通过生涯测试,对自己的性格类型进行全面、系统的评测。

③人们的性格类型很难改变,人们探索性格是要系统地把握自己的优势、劣势,扬长避短,选择最适合自己的职业发展路径。

6.3.2 性格误解与干预

在现实生活中,人们对性格有很多认识上的误区,通常认为性格外向的人可以从事销售类工作,而性格内向的人往往不去应聘销售类岗位的工作,或者遇到相关的工作会没有自信。也有人觉得女生比较感性,适合从事居委会、街道办事处相关的社会类工作,而工程类、金融类则不适合感性的女生。但事实上没有任何一种性格是明确不能从事某一项工作的,也没有一个工作明确哪种性格类型的人不能胜任,改变性格很难,但是可以干预,规避性格的弊端。那么大学生应该如何对自己的性格进行干预?

1. 修正自我认知偏差

受外界环境的影响或受某一类极端性格的人的影响,会使人对性格产生错误的认知,有时会让人对他人缺乏信任、多疑;有时会使人心胸狭隘、嫉妒心强;有时会使人脾气古怪,待人冷漠,缺乏责任心。我们需要改变错误的认知,在大学里多参加集体活动,充分感受生活,多阅读名人传记,接触身边优秀的师长,向他们学习成功的处世之道,这都有利于我们塑造自己的性格。

2. 增强自我塑造意识

每个人在一定程度上都在以不同的形式和方式进行自我的塑造,其中就包括性格的塑造。随着我们能力的提升、思想的成熟、行为的独立,性格的发展也会逐渐从由外部控制转变为自我的调控。大学生需要及早意识到这一变化,并且促进这一变化,有目标地进行自我塑造和锻炼。个人的自我塑造能够使现实态度、意志、情绪、理智等性格特征得到完善。

3. 主动关心帮助他人

以往的生活习惯或者教育环境,使得有些大学生习惯以自我为中心,不愿意主动与人交往,沉浸在自己的小世界里,喜欢独来独往。大学生要想改变这样的性格,需要尝试着主动关心并帮助他人,在帮助别人的过程中,既可以体现自身的价值,又可以得到他人的肯定,有利于大学生性格的改善。事无大小之分,从力所能及做起,尝试着帮助别人,以此来改善自我的性格。

4. 保持积极心态与情绪

人们的心情会被内在的情感、思想、生理需求所影响,也会被外在的人物、事件所影响,影响心情的因素有很多,所以人们的心情会时好时坏。好心情会让人们有良好的精神状态,偶尔心情不好不至于对性格造成影响,但长时间心情不好,就会对性格有影响。如果长期爱生气,总为一点小事而暴怒、沮丧、冲动、发火的话,就是异常情绪的性格。要保持积极乐观的生活态度,心胸开阔,遇事不怕事,用积极的心态去处理,否则容易导致性格的畸形发展。大学生可以通过与师长和同学聊天、听音乐、郊游、读书等方式来调节心情。

5. 提高个人知识水平

知识不仅可以创造生产力,还可以改变人的思想,更能陶冶人的情操,丰富人的阅历,让人变得更加理智,用正确的态度对待生活。俗话说:性格决定命运。但知识可以改变命运。大学生应加强知识的学习,养成自觉学习的习惯,培养主动学习的能力,遇到问题会通过学习来寻求答案,不断追求成熟,并将自身性格逐渐塑造得更加完善。

6. 广交友、与人和谐相处

日常生活中接触的人和事越多,从中学到的知识就会越多,在前文中我们讲过,拓宽视野可以培养兴趣;通过技能部分的探索,人们也认识到,接触知识是获取知识的前提。在大学期间广交友有利于性格的形成与发展。正确鉴别并接触周围积极向上的人和物,能激发我们的正能量。培养人与人之间的互敬、互爱、互谅、互让,善意评价他人,热情帮助他人,克己奉公,助人为乐,让自己的性格得到完善。

7. 加强道德修养,树立正确的价值观

作为一个有梦想、有责任的大学生,应该在学习的基础上,修炼自己的心性,勇敢、坚韧、谦卑、坚强。践行社会主义核心价值观,以正确的态度面对现实生活,有助于人们形成良好的性格特征。

人的性格虽然有一定的稳定性,但它又是可以改变的。人们要对自己的性格有一个清晰的认识,同时要有信心和决心,相信通过干预是可以塑造良好的性格的。

有一个好莱坞明星曾经说过:"我不是我自己认为的我,而是观众认为我是怎样的,那才是我。"很多时候,自己对自己的了解不是最全面的,"不识庐山真面目,只缘身在此山中",说的也是这个道理。自己对于自己的认识往往是有局限的,所以可以充分利用身边的资源更好地了解自己的职业性格。就如德国一句谚语所说的:"只有在人群之中,才能认识自己。"

课堂训练

传花环

人员要求:相互之间较了解的人,可以是一个班级的,也可以是一个宿舍的。

材料准备:花环、录音机。

活动目标:了解在别人的心目中你的性格特点,反思自己对别人的认识是否全面。

活动流程:

1. 小组里的成员围坐成圆圈。随音乐传递花环,看看音乐停止的时候花环在谁手里。

2. 小组里的其他成员说出拿花环的人的性格特点,说得越多越好,可以举生活中的例子证明。

思考并回答:

1. 你是否有自己没有意识到的性格特点?

2. 你原来对她/他的性格的认识是不是全面的?

6.4 提升能力

除了自己的人格特质和兴趣之外,对人生选择也同样具有影响力的就是"能力"了。一般来说,人要顺利完成一件事,必须具备某种本领,而这种本领就是通常所说的能力。在职业选择当中,职业能力既能说明一个人在既定的职业方面是否能够胜任,也能说明一个人在该职业中取得成功的可能性。职业成功不仅与人的个性特点、知识技能、工作态度、人际关系等因素有关,而且与一个人的职业能力密切相关。职业能力强的人更容易获得成功。人类历史上许多卓越的科学家,如牛顿、达尔文、爱因斯坦等,都有不同于一般人的想象力与观察力,否则,人们就难以理解,在相同的时期和类似的条件下,为什么只有这些人而不是其他人做出了巨大的贡献。能力水平影响一个人进行某种职业活动的速度与难易程度,并直接影响工作的成效。

6.4.1 认识能力

能力是完成一件事情或者执行一项任务所具备的心理特征,是达成一个目的所具备的条件和水平。人们在事件处理和任务执行中表现出来的能力不同。能力是顺利开展活动所必需的主观条件,直接影响活动效率。能力总是和人完成一定的事件相联系在一起。离开了具体事件既不能表现人的能力,也不能发现人的能力。能力包括知识、技能、才干,这三者可以通过学习、练习、实践不断提升。三者之间的关系可以用"能力三核"的模型表示,见下图。

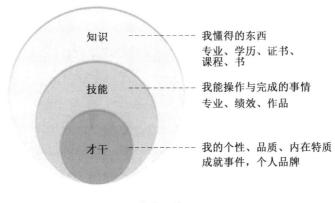

能力三核

1. 知识

知识是我们知道的东西、懂得的知识与信息,可以通过学习、培训或搜索获得,一般用名词来表示,如:计算机、土力学、结构力学。学习知识从"无知无能"到"有知无能",是通过学习某一专业知识的内容,进而获取该专业知识。一般将广度和深度作为知识的评价标准。专业知识技能需要经过有意识的、专门的培训才能掌握,但它并非只能通过正式的专业教育、学校教育才能获得,还可以通过课外培训、专业会议、讲座、研讨会、自学、在职培训等方式获得。因此,如果人们想从事本专业之外的工作而又不能够重新读一个专业的话,仍然有许多途径可以帮助我们获得相关的专业知识技能。

2. 技能

技能是能独立操作和完成的事情。包括通用技能（如阅读）、专业技能（如仪器使用）、社交技能（如演讲）等。技能可迁移，也可通过刻意练习持续提升；它与知识组合变为职业能力。它是用人单位最看重的部分，一般用动词来表示，比如：写作，表达，讲授，组织。固化技能，从"有知无能"到"有知有能"，学习某一项技能后，可以通过转化将其应用在相关领域。人们能操作和完成的技术可以通过练习来提升，熟练程度是其评价标准。在职业规划中当需要勾画出个人的核心技能时，可迁移技能是需要被最先和最详细叙述的，因为它是你最能持续运用和依靠的技能。事实上，专业知识技能的运用都是建立在可迁移技能基础之上的。

3. 才干

才干是指个性、品质、内在的特质，有的与生俱来，有的后天习得。比如我们说某某人做事严谨细致、某某人讲话幽默风趣等，这些都属于才干。有强烈的个人特色，没有评价标准，可用来帮助一个人更好地适应环境，是个人最有价值的"资产"，是影响职业生涯成功与否的关键，一般用形容词或副词来表示，如：耐心的，清楚的，负责的。内化才干，从"有知有能"到"无知有能"，掌握此项技能后，通过反复巩固练习将技能内化为才干。通过实践，人们无意识使用的技能、品质和特质即为才干。自我管理技能可以从非工作生活领域迁移到工作领域，它有助于人们推销自己和自己的才能，是成功所需要的品质。很多时候人们被解雇或离职，往往是因为缺乏自我管理技能而不是因为缺乏专业知识技能。

6.4.2　能力与职业生涯发展的关系

心理学家罗圭斯特与戴维斯（Lofquist & Dawis，1984）在对个体的工作适应问题进行多年研究以后，提出了明尼苏达工作适应论。他们认为，当工作环境能够满足个人的需求时，个人会感到"内在满意"；而当个人能够满足工作的要求时，个人能够达到"外在满意"。当个人能够同时达到内在和外在满意时，个人与环境之间的关系就比较协调，个人的工作满意度就会比较高，在该工作领域也能持久发展。

对外在满意和内在满意这两个指标的衡量当中，能力占有很重要的地位。罗圭斯特与戴维斯认为，外在满意主要可以通过衡量个人职业能力与工作的技能要求之间的配合程度来进行评估；而在内在满意方面，则主要通过衡量个人价值观与企业文化及奖惩制度之间的适配性来评估。不难看出，做自己能够胜任的工作，培养和发展自己的能力，发挥个人的潜能，常常是个人选择职业时希望能够得到满足的需求，亦即与能力相关的价值观，能力与个人的职业满意度、工作适应性以及职业稳定性具有直接的相关关系。当一个人的能力和工作的要求相匹配时，最容易发挥自己的潜能，并且获得一种满足感。相反，当一个人去做自己力所不及的工作时，就会感到焦虑，甚至产生挫败感。而当一个人的能力超出工作要求太多时，又容易感到工作缺乏挑战，比较乏味。因此，在选择职业时，我们同样要求寻求个人能力与职业技能要求的匹配。即：择世所需，择己所爱，择己所长。

数据研究表明，仅有17%的工作者认为自己是"人尽其才，才尽其用"。鉴于此，大学生在选择职业时应遵循三个原则。一是能力类型与职业的吻合。不同的人有不同的能力，职业也因工作性质、内容与环境的不同而不同，对人的能力提出不同的要求。二是能力水平与职业层次的吻合。对一种职业或职业类型来说，由于所承担的责任不同，又可分为不同层次。职业的不同层次对人的能力有不同的要求。因此根据自己的能力确定了职业类型后，还要根据自己所能达到的能力水平确定相吻合的职业层次。三是发挥优势能力。每个人的各种能力的发展是不平衡的，常常是在某些方面比较突出。因此，在选择职业时，应主要考虑自己的优势能力，选择最有利于发挥自己优势能力的职业。

6.4.3　鉴别能力的平台

"能力"这个词常常会被大家误解，根源在于大家将其理解得过于复杂与深奥。对于任何人来讲，都不存在"无能"的说法。从出生开始，人们就具备基本的生存能力，在学习成长中，人们开始逐渐掌握知识并培养学习的能力以及优良的品质。可是，很多时候人们都会有一些未被发现的能力。例如，一位同学在相貌、学习、文体等方面都表现一般，但是喜欢与人沟通，组织协调能力强，特别是在班级的各项集体活动中能体现出来，无论是前期的筹备、协调，还是活动中的气氛活跃方面，只要有他参与，同学们都会很积极地配合。然而面对大家这样的肯定，他自己并不觉得这是一项能力。其实人们或多或少有一些这样的未被发觉的能力。所以需要通过一些方法来鉴别、探索人们的能力，这样可以更加清晰地了解自我，更好地确定未来的发展方向。通常人们通过以下方法来鉴别自己的能力。

1. 自我的肯定

这种方式最直接、最简便。比如说,我参加过羽毛球比赛,并且获得了冠军;我的雅思考了7分,我的英语水平很高;我假期在某公司做过销售员,销售额达到了万元。这都是自己实际取得的成绩和在工作中实际可以衡量的业绩,通过这些数据我们能看到自己在某一方面的技能。

大家在大学学习的是什么专业?专业课有哪些?除了专业课,还选修了哪些课程?参加过哪些培训?最近在看什么书?篮球的规则是什么?这些都是人们能够肯定的自身所具备的知识方面的能力。我自己都会做什么?我参加过哪些社会实践?我最突出的工作能力有哪些?哪些能力使我们能够胜任这项工作?这些都是人们所具备的技能方面的能力。

2. 别人的赞许

人们会常听到来自他人的赞许,"他唱歌唱得真好""他创新意识特别强,每次的活动都能出好多好点子",这些称赞直接表明了他人对你的能力与成绩的认可与赞扬。在老师眼里,你是一个什么样的学生,你的同学平常都怎样评价你?通常你给别人留下最深刻的印象会是什么?你觉得自己身上最明显的特点是什么?

人们可以通过与他人的相处来发现自己未能意识到的自我技能。比如你从未上台进行过演讲,学院组织相关的演讲类比赛,你自己也不认为自己有很强的语言表达能力或者舞台经验。但是,在宿舍讨论中,同学们却一致觉得你可以参赛且对你有信心。

同时,同宿舍的同学还用几个案例来告诉你,你具备很好的表达能力、展示能力。而这个过程就是你通过他人来探索自我技能的过程。

> **课堂训练**
>
> 我能做什么
>
> 材料准备:纸、笔。
>
> 活动目标:帮助学生了解自己的能力,更多地发现自己的优势。

> 活动流程：请同学们拿出一张空白的纸，并在纸上按照给定的格式填写相应的内容。
>
> 例如：
>
> 1. 我可以教书，因为我有讲解表达的能力。
>
> 2. 我可以做研究，因为我有很充足的专业知识。
>
> 3. 我可以写好东西，因为我的思想很有深度。
>
> 讨论：每个人所写的内容都一样吗？有什么不同？为什么？
>
> 项目说明：在写下自己能做的事情，并解释为什么能够做好这件事情之后，应该说大家对自己的能力有了一个简单的了解。那么在选专业或者找工作的时候，应该尽量选择自己擅长的工作，这样才能发挥自己最大的能量。

3. 通过"STAR"法来发现自己的成就

在技能探索的时候，可以回忆一下自己曾经遇到过什么样的难题，自己是怎样解决的，成功了还是失败了？通过这些问题的回忆与总结，就能够清晰地发现自己到底拥有什么样的技能，这就是"STAR"法，主要从以下四个方面思考。

你曾经面临什么问题？（Situation）

你承担了什么任务、责任？（Task）

你采取了什么行动来解决问题？（Action）

你的行动取得了什么样的有益结果？（Result）

比如一个同学认为自己最值得自豪的事情就是在大学临近毕业时成功举办了毕业晚会。用"STAR"法来分析。

S：筹备晚会前期，大家想法很多，想在晚会上表达的也很多，但是晚会时长有限，节目内容需要精心筛选。

T：组织一场令大家都难忘的毕业晚会。

A：首先收集毕业生对于毕业晚会的想法，根据收集到的内容以及节目的类型划分出几个主题，对相似的节目进行整合，安排演员阵容，动员节目中参与度较低、表演效果欠佳的同学创编新节目或者转到后勤组，协助开展后期的工作。逐一审核节目，与节目负责人商量人员安排及节目内容改进的细节等工作。

R：几乎所有毕业生都发挥了自己的特长，每一位同学都在前期用心沟通，找到晚会对应的工作岗位,明确个人工作内容,相互配合。经过前期的筛选,节目内容精致,时间把控严格。这是一场令人难忘的毕业晚会。

从"STAR"的表述中可以发现该同学成功举办晚会的很大原因是及时沟通、分工明确、整合资源等,这些就是这位同学的技能了。

4. 书写成就故事

这是非常有效的一种能力探索的方法。书写自己取得的成就,就是将自己做过的、自认为比较成功或者感觉不错的事情写下来。事情不一定是有关学习或者工作的,也可以是娱乐活动或家庭生活中所发生的事情。成就故事不一定是惊天动地的大事,或许只是一次很小的成就,如组织了一次班级的集体出游、完成了一幅十字绣、在他人需要的时候给予了帮助、跟心仪的女生表白成功等,只要故事符合以下两条标准,就可以被视为"成就故事":一是你享受做这件事时体验到的感受;二是你为完成它所带来的结果感到自豪。如果同时你还获得了他人的认可,那就更好了。

写下生活中令你有成就感的具体事件后,对其进行分析,看看你在其中使用了哪些能力(尤其是技能)。多撰写自己的成就故事,并对成就故事进行分析讨论,看一看在这些故事中是否有重复出现的技能,这就是你喜爱施展也擅长的技能。

6.4.4　能力获取的方式

能力获取的方式有很多种,尤其在当今社会,我们不再拘泥于纸质读物的学习方式,电子读物、网络学习等雨后春笋般冒出,提供了高效便捷的学习途径。人们以大学获取技能的平台不同,将能力获取的方式分为三类,即知识课堂、技能课堂、才干课堂。

1. 知识课堂

知识课堂即人们通常所说的课堂学习,是目前接触最多、接受知识最为广泛的一种途径,包括学校教育、业余辅导、自学相关课程、报告、讲座、研讨会、资格认证考试培训、在职教育等。过去的知识学习停留在纸质、课堂教学的形式,随着互联网技术的发展,电子阅读、线上教学越来越受到大学生的推荐,这也将成为未来知识学习的主要途径。但是互联网知识学习需要学生具备筛选能力,能够甄别知识的可参考价值,以提高自己的学习效率。

2. 技能课堂

高校为丰富大学生的课余生活,提升学生综合素质,组织了形式多样的科技、文艺、素质拓展、志愿类活动,这些均为技能课堂。

3. 才干课堂

生活就是大讲堂。日常与宿舍、班级、社团、导师、学长的沟通交流都能提升自我的能力。在生活大讲堂中,挖掘榜样的力量、认同并辅助行动、提高自我认知、培养意志力、丰富精神生活、使观念多元化等都有助于才干和能力的提升。

课堂训练

找"朋友"

人员要求:必须为偶数。

活动目标:了解自己在别人眼中具备什么样的能力,对自我的能力有更为客观的觉察与认识。

活动流程:指导者讲述游戏规则。游戏开始时同学们可以随意在空地中走动。当指导者喊"找朋友"时,同学们必须迅速两两组合在一起,拉着对方的手,相互说对方擅长的能力或缺乏的能力。指导者控制好时间,交流的时间控制在1分钟左右。本轮结束后,由指导者组织新一轮。注意,人员不能重复搭配,不能只说擅长的能力。

项目说明:别人对自己的评价,往往会更为客观和公正。同时,也是了解自我的一个很好的方式。只有清晰地了解自己的能力,发现自己能力的不足,才能在未来的学习生活中发挥优势,补足劣势。

思考并回答:

大家对活动的感受是怎样的?别人对你的了解和你心中的自己一致吗?有没有发现被你忽略的能力呢?

6.5　探索价值观

6.5.1　认识价值观

价值观是基于人的一定的思维感官而做出的认知、理解、判断或抉择,也就是人认定事物、辨别是非的一种思维或价值取向,由此体现出人、事、物一定的价值或作用。在阶级社会中,不同的阶级有不同的价值观念。价值观是人们在生活和工作中所看重的原则、标准或品质,指向人们一生中最重要的东西,是一套自我激励机制。人们面临选择左右纠结、进退两难、难以取舍,往往是由于价值观不清晰,或还没有意识到可以通过澄清价值观来解决当前的困境,有稳定和清晰价值观的人,目标会更加明确,不太受外界的影响和控制。

价值观牵引着人生的方向,是一股无形的力量,无时无刻不决定着人们前进的方向,所以价值观会影响甚至决定人的一生。尤其是在人生中的关键时刻,价值观指引人们的选择,影响人们的人生轨迹。比如大学生在毕业时,会面临选择深造还是就业?出国还是保研?即便是选择了就业依然会有很多问题,如:是选择工资较高的外企还是选择相对稳定但薪资一般的事业单位?是回到离父母近一点的家乡就业,还是选择北上广深?在遇到这些选择困境时,引导我们做出最后决定的常常是个人的价值观。

> **📋 课堂训练**
>
> 驻村队员韦霁琛
>
> 广西柳州市柳北区石碑坪镇下陶村"90后"驻村工作队员韦霁琛,在疫情期间坚持给孩子上网络直播课。对于疫区的情况,绝大多数青年不可能亲临现场,移动互联网和电视直播给他们提供了几乎与现实环境相吻合的"拟态环境",价值观通过一个个具体的人物和事例得以具象化,滋润着青年的心田。被称为"最美逆行者"的医生护士、"城市摆渡人"的快递小哥,一个个平凡鲜活的形象,无不闪烁着"爱国、敬业、诚信、友善"的光辉,为当代青年提

供了一种"情感直觉",使他们得以用青春的视角在现实中去体悟社会主义核心价值的抽象意义。

"不走寻常路"的状元

现代社会的追名逐利,以及高昂的生活成本,渐渐地磨灭了许多年轻人的雄心壮志。曾几何时,我们五彩缤纷的梦想,缩小成了几个"热门专业",窄化成了"高薪职业",最后只能默默熄灭。

即使面对着如此无情的现实,依旧有人固执地"相信未来"。湖南高考状元钟芳蓉,面对着窘困的家境、严峻的就业形势、唾手可得的高薪专业……毅然决然地选择了北大考古系。这个"不赚钱""没前途"的专业,却藏着她最深的热爱和崇敬:她想要追随"敦煌守护人"樊锦诗先生,为祖国的考古事业贡献一分力量。

在日渐浮躁的大环境下,太多人追求速度和捷径,变得越来越浮躁功利,一些孩子也耳濡目染,纷纷立志当所谓"网红",整天思考如何才能一夜成名,却忘了路要一步一步走,饭要一口一口吃,更忘了什么是热爱,什么是理想。

人生价值并不能把金钱和物质作为唯一的衡量标准,保护好孩子的初心,让他们的生活纯粹一些,坚定理想,找寻热爱,是很多家长都应该细细思索的问题。

思考并回答:

1. 从韦霁琛和钟芳蓉的事例中,我们思考人生的价值应当以什么来衡量?
2. 请谈谈你的人生价值观。

6.5.2 职业价值观

人生目标和人生态度在职业选择方面的具体表现称为职业价值观,它是人们对职业的态度以及对职业目标的追求和向往。职业价值观会影响职业者的决策和对工作的满意度。职业价值观体现在人的理想、信念、世界观上。它是具有明确目的性、自觉性和坚定性的职业选择的态度和行为,对一个人的职业目标和择业动机起着决定性的作用。每种职业都有其特性,不同的人对职业意义的认识有不同的评价和取向。每个人因其年龄、成长环境、教育状况、兴趣爱好的不同,对职业有着千差万别的主观评价。从社会角度来看,社会分工的发展和生产力水平的落后使得不同职业在劳动的内容、难度、强度、环境和待遇上本就存在着差别,再加上我国传统思想观念的影响,不同职业在人们心目中的声望地位就有着好坏高低之分。对于职业的评价形成了人们的职业价值观,并影响着人们的就业选择。职业价值观决定了人们的职业期望,影响着人们对职业方向和职业目标的选择,决定着人们就业后的工作态度和劳动绩效水平,从而决定了人们的职业发展情况,哪个职业好?哪个岗位适合自己?工作的目的是什么?这些问题都是职业价值观的具体表现。

6.5.3 大学生的职业价值观

对于大学生而言,正确的职业价值观会直接影响其就业目标、就业行动、就业手段和就业观念。正确的职业价值观能够引导大学生不断完善自己的个人能力并不断培养自己的个人才干,适应时代的发展和职场的需求。

1. 职业理想

帮助大学生建立良好的职业价值观,可以促进大学生拥有正确的职业理想和合理的职业期望。大学生根据自己的实际情况,如个人追求、个人能力素质、岗位需求、未来发展等设定职业理想,明确职业目标,并制定科学的、具体的可实施方案。

2. 职业价值取向

正确的职业价值观可以提高大学生自我认知和职业认知的能力,确立正确的职业价值目标,职业价值取向涉及职业的社会地位、地域倾向、行业的选择、价值目标、工作条件选择等方面。正确的职业价值取向应强调自我价值和社会价值的协调与统一。

3. 职业选择

大学生正确的职业价值观可以增强其自主择业和竞争择业的意识,提升大学生的求职能力与社会适应能力。大学生的职业目标源于岗位需求,同时结合自身的兴趣、专业能力素质等选择职业方向。及早确定自己的职业方向是大学生高效提升个人能力的导航仪。

4. 职业评价

正确的职业价值观有助于大学生建立对自己和职业的正确认识和客观评价,把自己的兴趣、能力同企业的需求结合起来,形成稳定的职业态度和良好的择业动机,推动职业生涯的发展。

只有引导大学生形成适应社会发展的职业价值观,才能使他们沿着正确的发展方向实现其个人的职业理想,达到自我发展和职业发展的相互促进的目的。

课堂训练

钢琴家路易斯·拉舍认为:如果就一项已知的价值观,你能够对接下来的7个问题都回答"是",那么就可以确定这项价值对你很重要。

1. 我是否对这一价值感到骄傲(或珍视、爱护)?
2. 我是否愿意公开维护这一价值——也就是说,在别人面前公开地为它辩护?
3. 我是否在考虑了其他的价值之后才选择了这项价值?
4. 我是否考虑到了表达这项价值的后果?
5. 我是否自主地选择了这项价值?
6. 我是否已经按照这项价值去行动了?
7. 我是否依照这项价值前后一贯地行动?

思考并回答:
请用这种方法互相提问并思考自己的职业价值观。

6.5.4 价值观澄清法

价值观澄清法兴起于20世纪60年代,是美国心理学家、教育家路易斯·拉斯(以下简称拉斯)在对传统的价值观教育法进行研究分析的基础上,提出的一种新的价值观教育法,以拉斯(L. Raths)、西蒙(S. Simon)和哈明(M. Harmin)等人为代表形成学派。这个学派的早期观点认为,教师、咨询者、父母、领导者决不能企图直接劝导青年人或向他们慢慢灌输自己的价值观,因为这将会妨碍青年人正在发展的那些真正属于他们自己的价值观;价值观教育者的任务仅仅是为个体价值观的选择和确立提供一种情境或机会。

1. 价值观澄清法四个要素

(1)选择一个负载价值或道德的主题或问题,比如一个与友谊、家庭、健康、工作、爱情、闲暇时间、个体的趣味以及政治等有关的问题。问题既可以由教师或父母来选择也可以由学生自己来选择。

(2)教师、咨询专家、父母或组织者要将所选择的主题或活动向参加者进行介绍,帮助并促使参加者理解、思考和讨论这个主题。

(3)在活动和讨论期间,教师、父母、咨询专家、组织者要保证关于主题讨论的所有观点都得到同样的尊重,活动和讨论场所要始终充满一种心理上的安全气氛。

(4)活动的组织者要鼓励学生、被咨询者和其他的参加者在考虑活动主题时运用专门的"价值步骤"或"价值技能"。这种价值步骤是:理解人们奖赏和珍视的东西是什么、公开用合适的方法肯定一个人的价值观、检查那些可供选择的价值观点、用理智的方式来考虑多种选择的结果、在不受同伴和权威压力影响下自由做出选择、用一贯和重复的形式来履行一种价值观。

2. 价值观澄清法七步骤

(1)你是否自主地选择了这个价值观,没有任何人和任何方面把它强加给你?

(2)它是你从众多的价值观中挑选出来的吗?

(3)它是你在思考了所做选择的结果或后果后被挑选出来的吗?

(4)它是你珍视的价值观吗?你是否为自己的这一选择而感到高兴?

(5)你是否愿意公开地向其他人声明你的选择或者在别人面前公开地为它辩护?

(6)你是否能做一些与你选择的价值观有关的事情?

(7)你是否具有与你的价值观保持一致的行为模式?

课堂训练

渔夫与商人的对话

一个美国商人坐在墨西哥海边一个小渔村的码头上,看着一个墨西哥渔夫划着一艘小船靠岸。小船上有好几条大鱼,这个美国商人问渔夫要花多少时间才能捕这么多。墨西哥渔夫说,一会儿工夫就捕到了。美国商人接着问道:"你为什么不待久一点,好多捕一些鱼?"

墨西哥渔夫不以为然:"这些鱼已经足够一家人生活所需啦!"

美国商人又问:"那么你一天剩下那么多时间都在干什么?"墨西哥渔夫解释:"我每天睡到自然醒,出海捕几条鱼,回来后跟孩子们玩一玩,再跟老婆睡个午觉,黄昏时晃到村子里喝点小酒,跟哥儿们玩玩吉他,我的日子可过得充实又忙碌呢!"

美国商人不以为然,帮他出主意,就说:"我是美国哈佛大学企管硕士,可以帮你忙!你应该每天多花一些时间去捕鱼,到时候就有钱去买条大一点的船。自然你就可以捕更多鱼,再买更多渔船。然后你就可以拥有一个渔船队,到时候你就不必把鱼卖给鱼贩子,而是直接卖给加工厂。然后你可以自己开一家罐头工厂。如此你就可以控制整个生产、加工处理和行销,然后可以离开这个小渔村,搬到墨西哥城,再搬到洛杉矶,最后到纽约,在那里经营不断扩充的企业。"

墨西哥渔夫问:"这要花多少时间呢?"

美国商人回答:"十五年到二十年。"

"然后呢?"

美国商人大笑着说:"然后你就可以在家当皇帝啦!时机一到,就可以宣布股票上市,把公司股份卖给投资大众。到时候你就发啦!可以几亿几亿地赚!"

"然后呢?"

美国商人说："到那个时候你就可以退休啦！可以搬到海边的小渔村去住。每天睡到自然醒，出海随便捕几条鱼，跟孩子们玩一玩，再跟老婆睡个午觉，黄昏时，晃到村子里喝点小酒，跟哥儿们玩玩吉他喽！"

墨西哥渔夫疑惑地说："我现在不就是这样了吗？"

"仁者见仁，智者见智"，读完这个故事，每个人都会有不同的感受，有人觉得渔夫没有志向，只满足于当前的享受；而有人则认为商人是多管闲事，多此一举，渔夫现在的生活就很好。

思考并回答：

1. 你如何评价渔夫与商人？为什么？
2. 什么样的工作因素会特别打动你，让你毅然选择某份职业？

6.5.5 价值观影响决策

马斯洛需求层次理论（见下图）是行为科学的理论之一，由美国心理学家亚伯拉罕·马斯洛1943年在《人类激励理论》论文中所提出。文中将人类的需求像阶梯一样从低到高按层次分为五种，分别是：生理需求、安全需求、归属需求、尊重需求和自我实现需求。一般而言，低层次的需求得到相对满足之后，就会向高一层次发展，在每一个时期总有一种需求占支配地位，决定行为的产生。马斯洛认

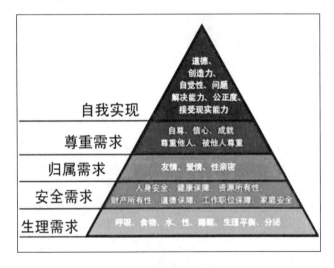

马斯洛需求层次理论

为:"人都潜藏着五种不同层次的需求,但是在不同时期表现出来的各种需求的迫切程度不同。"马斯洛需求层次理论反映在学生生涯和职业生涯中时,安全感更多的是体现在经济维度上,职业规划中一定要考虑经济收入的问题,这样才能满足人的衣食住行等基本生理需求。大学生在进行职业生涯规划时,应该将能够满足自己的经济消费、生理需求作为基本标准。当这两项得到满足时,归属需求会驱使人们更加关注友情、亲情等和谐的人际关系,归属层级得到满足,人会感到满意、幸福。大学生在刚步入社会时,情感很容易受到伤害,心灵很脆弱,所以在大学期间要积极融入集体,有了情感的支撑,做事也会更加得心应手。人都是希望被别人重视的,即有尊重需求,大学生初入职场需要有一段时间的适应期,再加上欠缺职场经验,很容易不被重视,这就需要大学生在就读期间提高自己的学业水平和学生工作能力。再次向大学生澄清,尊重需求在实际的职场中是很难被完全满足的,但是一旦被满足就会产生可推动力,令人有持久的干劲。自我实现是马斯洛需要层次论的最高境界,所以大学生在进行职业生涯规划时,除了要考虑经济、情感、归属、尊重外,更需要考虑的是在此基础之上的价值观,从价值维度出发,不忘初心,充分发挥自己的能力,从事自己喜欢、擅长、有意义的职业,最终成为自己所期望的人。

根据马斯洛的需求层次理论,在不同的阶段,有不同的目标,职业发展的过程是目标实现、自我需要得到满足的过程。自我实现是需求的最高阶段,其中包括价值观、创造力、责任感、引领性,所以价值观在人们的生涯发展中起到极其重要的作用,超过了兴趣和能力对我们的影响。

1. 价值观影响着我们的职业抉择

学生在职业选择的过程中会受到太多因素的干扰,大城市的诱惑、薪资待遇的差别、父母的期待与愿望等,很容易让人迷失自己的方向。只有澄清自己的价值观,想清楚自己最想要的是什么,才能在职业抉择的过程中坚守自己的理想。

2. 价值观影响人们未来的生活方向

价值观不同,对人生的未来规划也不一样。其实每一个人的选择都没有对错,只是每个人认可的生活方式不同而已。就像生活中,有的人可以为了事业抛家舍命,而有的人则认为把家庭经营好比什么都重要,每个人价值观的不同决定了每个人对事业和家庭投入度的不同。有效的职业生涯决策与一个人对自己的价值观的辨析程度有关,人们对自己的价值观越了解,职业生涯规划的过程就越容易。所以,人要不断审视和澄清自己的价值观,经常自问:我最想要什么样的生活?我的人生最不能放弃的是什么?我内心深处最在乎的是什么?什么是可以让我付出一生的心力去追求的?只有这样,职业生涯路上我们才可能更快乐地做自己。

课堂训练

价值观市场

现在请各组的同学两两组合,每个人说说自己最想从这份工作中获得什么?或者说选择这份工作重视的是哪些因素?

所谓价值观就是自己觉得重要的或者是想要追求的东西。工作价值观大概有以下几条:

- 声望:得到大家的尊重与礼遇
- 独立自主:能够自己做决定
- 助人:协助或教导别人
- 多变化:工作的内容不单调,有挑战,需创新
- 领导:工作时能够督导他人、分配工作
- 兴趣:符合自己的喜好
- 待遇:薪水高、利润多
- 休闲:自己拥有较长的休闲时间
- 福利:工作的地方能够提供良好的福利
- 前景:这个职业将来会有很好的发展。
- 安定:收入稳定,不受环境影响
- 升迁:有明确的升迁制度和机会
- 有意义:对人、社会或世界的贡献比较大
- 环境:工作环境舒适
- 人际:同事修养好,人际关系和谐

每个人希望从工作中获得的、追求的、重视的东西都不同,即工作价值观不同。从不同的工作当中,能得到满足的价值观也不同。现在且不考虑具体的工作,在上述15个工作价值观中,挑出5条最重要的价值观,按照重要性递减排序,并填写到下面的横线上。

_____

_____

_____

_____

各位同学所选出的就是工作中所看重的东西,也就是职业价值观。与同伴分享职业价值观,分享的过程中了解别人的价值观。为了进一步澄清最重视的价值观是什么,现在将选出最重要的5条价值观,分别写在5张小纸条上。

在另外一张白纸上给每一条你认为很重要的价值观下定义,即要达到什么样的水平才能满意。

现在,如果不得不放弃其中的一条,你会放弃哪一条?将准备放弃的这一条与其他人交换。

现在,如果不得不继续放弃剩下四条中的一条,你会放弃哪一条?再次与其他人交换。(保留刚才别人给你的,放在一边。)

继续下去,直到最后一条。这条是否是无论如何也不愿放弃的?

思考并回答:

1. 通过这个活动,对于自己的价值观有些什么样的了解?
2. 价值观会对职业选择和人生产生什么样的影响?
3. 其他人的价值观会对你的生活造成什么样的影响?

单元 7
职业决策与行动

案例导入

小章就读于某大学计算机科学与技术专业。在校期间表现优秀,品学兼优,专业成绩突出。毕业后进入一家 IT 企业实习,实习的具体内容和自己的专业有着一定的联系。由于他工作比较出色,公司决定正式录用他,但希望他从技术支持岗位转做销售岗位,因为 HR 说他性格比较外向,适合做销售,且公司销售岗正好有需求。这件事让小章困惑不已。他在大学的所有努力都是为了将来从事计算机技术工作,现在从事的技术支持也与自己当初预期的职业目标大致吻合。可如果转做销售,大学四年辛苦所学的专业知识似乎都浪费了,但不接受这个机会也挺可惜的。毕竟这家公司培训、薪酬、环境等各方面都很不错,同时也觉得销售工作是个挑战,可以去尝试。经过几天的思考之后,他还是拿不定主意。

小章之所以拿不定主意,首先是因为自我认识模糊。小章对自己的性格、兴趣、价值观等方面没有深入思考,想做技术工作也仅仅是按照所学专业给自己设定的理想,事实上他并不清楚为什么要做技术工作,是否适合做技术工作,当面临转岗要求时,他对做技术的想法也并不是很坚定,因此,缺乏对自我的了解,可能是小章困惑的根源。

其次是缺乏对职业的深入了解。小章对销售工作了解得不够全面,单凭简单、片面的职业信息判断觉得适合自己,或靠职业名称表面理解其含义,至于职业的性质、作用、特点、文化及其发展趋势等信息则一无所知,这势必会影响决策的准确性,也会让他更加束手无策。

再次是缺乏科学决策的方法和技巧。小章除了对自我认识不清、对职业信息了解片面外,还有一个很重要的问题:缺乏职业决策的方法和技巧。他不知道怎么把自己的兴趣、价值观等与两个岗位进行合理匹配,并且比较容易受别人和环境的影响,缺乏主见,造成职业选择的时候犹豫不决。

请思考:

1. 影响职业决策的因素有哪些?
2. 怎样将兴趣、价值观与职业相匹配?

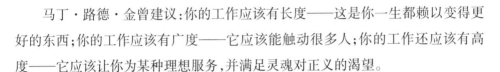

7.1 职业决策的概述

马丁·路德·金曾建议:你的工作应该有长度——这是你一生都赖以变得更好的东西;你的工作应该有广度——它应该能触动很多人;你的工作还应该有高度——它应该让你为某种理想服务,并满足灵魂对正义的渴望。

职业生涯规划的核心是设立目标,然后以目标为导向,制订计划并付诸行动。明确而坚定的目标,是事业成功的前提。职业决策是人生必经的门槛,是大学生必须面对的人生关键的一步。拥有一个好的职业,能够充分发挥自己的聪明才智,成就一番事业。当前大学生职业选择中存在随意性大、被动就业的问题,因此,大学生应该掌握一些有效的职业决策理论和方法,加强职业决策能力的培养。

7.1.1 职业决策的含义

1. 决策

一般来讲,决策指为达到一定的目标,从两个以上的可行方案中选择一个满意方案并付诸实施的分析判断过程。它有以下几方面特征:决策是为了实现特定目标的活动,没有目标无从决策,目标实现则无须决策。决策的目的就在于实施,不准备实施就没有意义。

决策追求最优化结果,因此必须要有两个以上决策方案。决策与人们日常所讲的解决问题有着明显的差别:决策应该是在考证了各种可能性的基础上得到的一种令人满意的方案,属于优中选优的方案。而解决问题,方案是"积极"与"消极"并不重要,重要的是把问题解决好。决策的过程比解决问题更为复杂,涉及决策者的信念、兴趣、价值观等因素。

2. 职业决策

广义的职业决策,指为确定职业所进行的提出问题、搜集资料、确定目标、拟订方案、分析评价、检查监督、最终选定等一系列认知活动。

狭义的职业决策,是指为达到一定的职业目标,从两个以上的职业方案中选择一个合理方案的分析判断过程,是决策者经过各种分析、比较、思考后,对应该做什么和应该怎么做所做的决定。可以把狭义的决策理解为广义决策过程中的一个环节,即从几个备选方案中选择一个的"确定"环节。

对于大学生来说,职业决策的核心是根据自身特点和社会需求做出合理的职业选择,即进行职业定位的过程。职业决策看似是一个点的选择,其实涉及全面的自我认知、科学的职业认知与体验等内容,是一个整合的过程。本单元所讨论的职业决策,是指在对自我和职业世界全面、深刻认识的基础上,从多个职业方案中选择一个的过程,是狭义的职业决策过程。

7.1.2 职业决策的类型

职业生涯决策是一个复杂的认知过程,通过此过程,决策者组织有关自我和职业环境的信息,仔细考虑各种可供选择的职业前景,做出职业行为的公开承诺。著名职业生涯学者哈瑞恩(Harren)经过研究,认为大部分人的职业决定方式可以归纳为三类。

1. 理性型

这种类型崇尚逻辑分析,往往在系统收集足够的自我和环境信息的基础上,权衡各个选项的利弊得失,按部就班地做出最佳的决定。

2. 直觉型

这种类型是依据自己在特定的情景中的感受或者情绪反应,直接做出决定。这种风格的人做决定全凭感觉,比较冲动,很少能系统地收集相关信息,但他们能为自己做出的抉择负责。

3. 依赖型

这种类型的人常常是等待或者依赖他人为自己收集信息做出决定,比较被动和顺从,做选择时十分注重他人的意见和期望。他们以社会赞许、社会评价和社会规范作为做决定的标准。

7.1.3　职业生涯决策困难的原因

1. 信息缺乏

信息缺乏是个人职业生涯决策中最常见的障碍,主要表现为缺乏决策过程的信息、缺乏自我信息、缺乏职业信息或缺乏获得信息的方式等。由于对相关职业的信息缺乏或不全面,不能科学地评价该职业,从而造成决策失误。

2. 信息错误

当个人进行职业生涯决策时所获得的信息是错误的,就会使决策缺乏可靠的依据,可能致使决策失误。

3. 信息过多

有时候信息过多也会影响正确的职业生涯决策,由于决策所获得的信息过多,有时反而会无所适从。

4. 缺乏准备

包括犹豫不决、错误的职业信念和决策信念等。

5. 个人因素

如个人的天赋、价值观、能力、情绪等。如抵触情绪、焦虑、缺乏自我胜任感和动机冲突等。

6. 缺少决策经验和决策知识因素

如:缺乏决策程序和技巧的相关知识、决策经验有限和对决策能力缺乏自信等。

7.1.4　职业决策的困惑

14世纪法国经院哲学家布利丹曾讲过一个哲学故事:一头驴子站在两堆数量、质量、距离相等的干草之间,由于两堆干草价值相等,客观上无法分辨优劣,于是它站在中间无法做出选择,最终活活饿死。

这个故事给我们的启示是:选择不是一件容易的事。人的痛苦有时不是没有选择,而是选择太多。越优秀的人选择的机会越多,如果没有放弃的能力,就很难得到自己想要的。

职业决策是一种重大决策,它影响到人际交往、生活方式、生活质量等。在决策面前,个体时常会感到焦虑与不安。这有很多原因,其中大部分来源于"不确定"与"难舍"。

1. 对选择的不确定感

职业决策大部分是基于信息不对称情况下的决策,因此不可能收集到全部外界职业信息后再做决定,因此大多数决策都有预测的成分,都有不确定性和风险。在社会变迁较慢的时候,预测的误差较小,而在当今瞬息万变的社会,不确定性、诸多变量越来越难以把握。行业趋势、职业类别、工作环境、领导同事关系多会发生变化,在变化中并不确定所选择的一定比放弃的要好,担心选择失误会后悔。台湾学者田秀兰等人研究发现,大学生的职业生涯不确定感包括了许多"对个人的不确定"与"对环境的不确定"。如果能对自己多做些分析,对环境多一些探索,则会由"不确定"向"确定"更进一步。

2. 对选择项目的难舍

在选择面前患得患失,担心放弃的那个选择会给自己带来好处。如果同时为几个选择感到纠结,则说明这几个选择可能没有明显的高下优劣之分,因此可以稍稍舒缓患得患失的情绪。那么,什么样的决策是最佳决策呢?幸福经济学家认为,能让幸福或快乐最大化的决策就是最佳决策。可见在很多时候,职业决策的好坏要凭自己的内心来评判。如果在做决策的时候多思考下自己究竟要什么,考量这些因素的"轻重"与选择方案可以满足这些因素的"概率","难舍"则会向"能舍"更进一步。

3. 对决策结果要负责

自主决策,意味着要对决策的结果负责。很多人为了逃避"不好的结果"的责任,把决策权交给他人或"天意"。殊不知,在逃避责任的同时,也逃离了自由,失去了感受学习、生活、成长的自由。有人说:"不得不在各种行动方案之间做出选择,是为自由而付出的代价。"因此,自由的人们"注定"要做出选择。

7.2 职业决策的流程

7.2.1 基本流程

1. 沟通

在这个阶段,收到关于职业理想与现实之间存在差距的信息。这些信息可能通过内部或外部交流途径传达给我们。内容沟通包括情绪信号,例如不满、厌烦、焦虑和失望,还有身体信号,如昏昏欲睡、头痛、胃部疾病等。外部沟通包括父母对自己的职业规划的询问,同事、朋友的职业评价,或者是杂志上关于专业正在逐渐过时的文章。

这是意识到自己需要做出选择的阶段。在这个阶段,大学生通过各种感官和思考充分接触问题,发觉存在一个差距已不容忽视。

2. 分析

在这阶段,问题解决者需要花时间去思考、观察、研究,从而更充分了解差距,了解自己有效地做出反应的能力。好的职业生涯决策者不会用冲动行事来减小在沟通阶段所体验的压力或痛苦,要解决这个问题需要了解自己的哪些方面,了解环境的哪些方面,需要做些什么才能解决问题,为什么自己会有这样的感受,家庭会怎看待自己的选择等等问题。

这是了解自己和各种选择的阶段。在这一阶段,职业生涯问题解决者通常会改善自我知识,不断了解职业世界和家庭需要。简单说,在分析阶段,职业生涯决策者应尽可能了解造成在第一阶段发现差距的原因。

分析阶段还需要把各种因素和相关知识联系起来,例如,把自我知识和职业选择联系起来;把家庭和个人生活的需要融入职业选择中。

3. 综合

主要是综合和加工上一阶段提供的信息,从而制定消除差距的行动方案。其核心任务是,确定自己可以做什么来解决问题。首先,尽可能多地找到消除差距的方法,发散地思考每一种办法,甚至采用"头脑风暴"进行创造思维。然后,缩小有效方法的数量,通常缩减到 3 至 5 个选项,因为这是个体头脑中最有效的记忆。

4. 评估

评估阶段将选择一个职业、工作或大学专业。它的第一步是评估每一种选择对职业生涯决策者和他人的影响。例如,如果选择了服兵役,这一选择将会给自己、伴侣、父母、孩子等重要他人带来什么影响?每一种选择都要从对自己和对他人的代价与益处两方面进行评价,并综合物质上和精神上的因素。

第二步就是对综合阶段得出的选项进行排序。能够最好地消除差距的选项排在第一位,次好的排在第二位,依此类推。此时,职业规划决策者会出选一个最佳选项,并且做出承诺去实施这一选择。

5. 执行

这是实施选择的阶段,把思考转换为行动。很多人都觉得在执行阶段制订行动计划是令人兴奋的和有价值的,因为他们终于可以开始采取积极行动去解决问题了。

7.2.2 决策时期

职业生涯决策过程所处理的是一个逐渐形成选择并实施选择的过程。整个职业生涯决策过程可分为两个时期、七个阶段。

1. 第一时期是"决策预期"

这一时期可分为四个基本的发展阶段。①探索,考虑不同选择方向及可能的目标。②稳定,通常代表着一种想法的稳定化。在这一阶段,想法和感觉开始变得更加有序。各种选择的优缺点开始出现。③选择,选定一个能解除目前困扰的目标。个体对选择的信心程度可能会不断地发生改变。选择也根据其明确程度和复杂性发生改变。④决策,个体做出决策以后,接下来将实施决策。

然而,在做出决策和实施决策这段时间内,个体可能体验到对决策的怀疑。如果决策受到质疑,个体可能再次回到探索、稳定和选择阶段。泰德曼和奥哈拉认为,这四个阶段并不总是按顺序进行的,这些阶段也与年龄不相关。因而,在某个特定的时间,一个人可能处在几个不同的职业生涯决策的各种阶段。

2. 第二时期是"实施与调整"

职业生涯决策的第二个时期是实施或调整,由三个阶段构成。①推进,开始执行自己的选择,也是新经验的开始;②变革,调整步伐与心态,专心致志,肯定在新环境中的角色,全力以赴;③整合,最初的新鲜感消失,个体和群体彼此已经接纳。

7.3 职业生涯规划

大学生职业生涯规划一般包括确立目标、自我评估、职业生涯机会的评估、职业的选择、职业生涯路线的选择、设定职业生涯目标、制订行动计划与措施、评估与反馈八个步骤。

7.3.1 职业生涯规划的步骤

1. 确立目标

在制订职业生涯规划时,首先要确立志向,这是制订职业生涯规划的关键,也是职业生涯规划中最重要的一点。

2. 自我评估

只有认识了自己,才能对自己的职业做出正确的选择,才能选定适合自己发展的职业生涯路线,才能对自己的职业生涯目标做出最佳抉择。

3. 职业生涯机会的评估

在制订个人的职业生涯规划时,要分析环境条件的特点、环境的发展变化情况、自己与环境的关系、自己在这个环境中的地位、环境对自己提出的要求,以及环境对自己有利的条件与不利的条件等。只有充分了解这些环境因素,才能在复杂的环境中趋利避害,使职业生涯规划具有实际意义。

4. 职业的选择

选择职业时至少要考虑以下四点:性格与职业的匹配、兴趣与职业的匹配、特长与职业的匹配、内外环境与职业相适应。

5. 职业生涯路线的选择

在职业生涯规划中，须做出抉择，以促使自己的学习、工作以及各种行动措施沿着自己的职业生涯路线或预定的方向前进。

6. 设定职业生涯目标

职业生涯目标的设定，是职业生涯规划的核心。一个人事业的成败，很大程度上取决于正确适当的目标。

7. 制订行动计划与措施

在确定了职业生涯目标后，行动便成了关键的环节。没有达成目标的行动，目标就难以实现，也就谈不上事业的成功。

8. 评估与反馈

影响职业生涯规划的因素有很多。有的变化因素是可以预测的，而有的变化因素难以预测。在此状况下，要使职业生涯规划行之有效，就须不断地对职业生涯规划进行评估与修订。

7.3.2 职业发展路线的选择

职业生涯路线选择是指职业生涯目标确定后，进一步选择达到职业目标的具体路线。例如，作为士兵，同样是想做将军，而军官又有军事、政治、后勤军官和专业技术军官之分，作为个体想在哪一条路线发展，是在军事、政治、后勤军官路线发展，还是在专业技术军官路线发展。由于职业生涯发展路线不一样，在职业发展中对个体的要求也不一样，因此，在职业生涯规划中必须对生涯路线做出选择，以使个体在素质培养、能力训练等方面沿着预先设定的方向前进。

在职业生涯路线选择时一般应考虑以下三个问题：

想往哪个路线发展？

能往哪个路线发展？

可以往哪个路线发展？

对这三个问题，可以根据个体自身的性格、兴趣、能力、环境等条件进行综合分析，最后确定适合自己的最佳职业生涯路线。

7.3.3 自我职业生涯目标管理策略

1. 自我职业生涯管理的含义

自我职业生涯管理是以实现个人发展的成就最大化为目的的,通过对个人兴趣、能力和个人发展目标的有效管理实现个人的发展愿望。即在组织环境下,由员工自己主动实施的、用于提升个人竞争力的一系列方法和措施。

影响个人职业生涯管理的因素,一方面是来自组织的影响,另一方面则是源于员工自身的特点。组织因素很多,如组织的性质、发展阶段、效益、企业文化等。

2. 个人职业生涯的发展阶段

(1)成长阶段(14岁以前)。

这一阶段,大体上可以界定在从一个人出生到14岁这一年龄段上。在这一阶段,个人通过对家庭成员,朋友以及老师的认同以及与他们之间的相互作用,逐渐建立起了自我的概念。

(2)探索阶段(15~24岁)。

在这一阶段,个人将认真地探索各种可能的职业选择,试图将自己的职业选择与人们对职业的了解以及通过学校教育、休闲活动和工作等途径中所获得的个人兴趣与能力匹配起来。处于这一阶段的人,还必须根据来自各种职业选择的可靠信息来做出相应的教育决策。

(3)确立阶段(25~44岁)。

这一年龄段是大多数人工作生命周期中的核心部分。人们通常愿意(尤其是在专业领域)早早地就将自己锁定在某一已经选定的职业上,然而,在大多数情况下,这一阶段的人们仍然在不断地尝试实现与自己最初的职业选择所不同的各种理想。通常情况下,在这一阶段的人们第一次不得不面对一个艰难的抉择,即判定自己到底需要什么,什么目标是可以达到的以及为了达到这一目标自己需要做出多大的牺牲和努力。

(4)维持阶段(45~60岁)。

在职业生涯的后期,人们一般都已经在自己的工作领域中为自己谋得一席之地,因而人们的大多数精力主要就放在保有这一位置上了。

(5)下降阶段(60岁以上)。

在这一阶段,人的健康状况和工作能力都在逐步衰退,职业生涯接近尾声。许多人都不得不面临这样一种前景:接受权利和责任减少的现实,学会接受一种新角色,学会成为年轻人的良师益友。再接下去,就是几乎每个人都不可避免地要面对的退休,这时,人们所面临选择就是如何去打发原来用在工作上的时间。

课堂训练

过去、现在、未来

发给每人一张纸,让大家思考一下填写,大约10分钟的时间。填写完毕,小组分三轮交流,第一轮每人轮流介绍10岁时的情况,并说明为什么这样写;第二轮每人轮流介绍现在的生活,并说明理由;第三轮介绍对未来生活的展望及理由。每位同学可以在分析自己、了解他人的过程中增强自觉,相互理解、共情。

当我10岁时

我的职业理想_____

理由_____

问题_____

我现在的生活

我的职业理想_____

理由_____

问题_____

十年后的情形

我的职业理想_____

理由_____

问题_____

描述自己以往在做重大决定时采取的方法和模式,初步觉察自己的决策风格,并了解别人的决策风格。

【延伸阅读】——《生涯咨询与辅导》《人生发展与职业生涯规划》《职业能力倾向测试》《职业启蒙》《反馈的力量》

模块四 成功属于有准备之人——万里之路足下行

 导入语

就业形势将直接影响到每名毕业生的求职历程,明确自身面临的就业形势,将有利于毕业生根据目前所面临的机遇和挑战,选择合理的职业方向,做出科学的职业生涯规划,积极面对就业市场。掌握高效的求职方法将有助于毕业生在求职过程中从容应对笔试关和面试关。清楚就业流程,明确自身合法权益,将有助于毕业生有效地应对求职过程中遇到的各类问题。

单元 8 了解就业形势

📁 案例导入

近日,中国青年网校园通讯社面向 5 762 名全国各级在校大学生,展开问卷调查,结果显示:近八成大学生认为现在就业难,超八成希望找对口专业工作,超三成大学生毕业后选择就业,超四成对就业保持期待态度,超四成希望毕业后到省会城市发展。国企成首选就业方向,工资待遇、发展空间、同事相处氛围成就业主要看重条件,近四成希望月薪 5 000~8 000 元,缺乏实践和工作经验成就业主要困扰。

洛阳理工学院大二学生李天浩认为,现在毕业生人数逐年上升,就业形势严峻,就业压力大,"特别是偏向科技、互联网等方面的工作,需要很高的知识储备和实践能力。"

李天浩的专业是电气学院自动化专业,他认为他们专业本身找工作并不难,但他想找专业对口的工作,"成为工程师可以赶上国家工业4.0的发展"。

今年就业形势虽然严峻,但他认为机遇与挑战并存。为了消除就业压力,他选择现阶段增加知识储备,"我还年轻,我有更多精力改变自身不足,学习更多新知识,有能力也有时间去改变自己"。

调查数据显示,76.12%的大学生认为现在就业形势严峻、就业难,12.03%认为就业形势正常,有6.44%表示对现在就业形势不了解。40.65%的大学生对就业持期待态度,其次为焦虑、积极和纠结,分别占比21.4%、16.19%和10.92%。此外,还有80.41%的受访大学生希望找专业对口工作。

当不少毕业生都在为就业发愁时,山东职业学院铁道车辆专业毕业生孟斌却很淡定从容。

原因是他所在的专业每年都会吸引很多铁路局和地铁公司来学校招聘,他接受了中国铁路济南局集团有限公司的面试,当时就被拟录取,签订三方协议,现在正在实习。

"正常情况下,8月份就正式入职了。"孟斌说,他一开始就想着尽早毕业,为家里减轻负担,"毕竟对于一个专科生来讲,能进国企拥有一份相对稳定的工作,也是一个不错的选择吧。"

他坦言,自己对就业充满期待,没有太多就业压力,现如今对未来满怀自信,"尽职做好车辆'大夫',努力工作,提升自己的能力。"

根据中国青年网的调查数据,32.59%的大学生希望通过学校推荐的方式找工作,其次是招聘会、求职网站分别占比22.79%、12.95%。

请思考:

1. 毕业生找工作难的原因有哪些?
2. 怎样理解"先就业再择业"?

8.1 目前大学生的就业现状

8.1.1 总体就业形势严峻

近年来高校毕业生人数逐年增长,导致就业市场的供给与需求矛盾不断增加。根据教育部公布的数据显示,2021届高校毕业生总规模预计909万人,同比增加35万,再创历史新高,这也是我国高校毕业生人数首次突破900万大关。2011—2021年高校应届毕业生数量增长情况见下图。2020年12月举办的公务员考试、国家研究生入学考试报考人数均再创新高,而在疫情背景下,大学生就业市场将面临更加严峻的挑战。

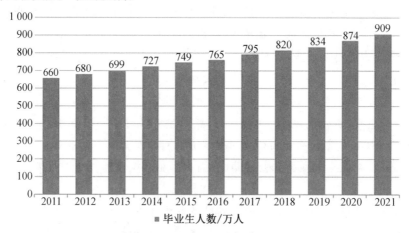

2011—2021年高校应届毕业生数量增长情况

在大学生就业难的同时,部分制造业也出现了招工难的现象。自2012年以来我国每年的新增农民工数量就从983万一路下滑至2019年的241万,而每年新增的应届本科生数量则从2012年的328万增加到2019年的434万,约为新增农民工数量的两倍。根据102个定点监测城市公共就业服务机构的监测数据,2020年二季度末部分制造业岗位供需缺口急剧扩大,其中缝制机械装配调试工、纺纱工、纺织染色工等劳动密集型制造业岗位紧缺程度明显上升,我国在劳动密集型制造业的人口红利优势正在逐渐消失。

8.1.2 毕业生求职趋势

在我国经济结构的转型过程中,传统的制造业和劳动密集型产业在国内的产业结构中依然占据主要地位,然而这些产业的工作环境总体不佳,部分行业盈利水平较低导致人才吸引力不强。相比之下第三产业快速发展,已成为吸纳就业的重要领域,以生活服务业为典型代表;伴随产业结构进一步向中高端迈进,新一代信息技术等生产性服务业、互联网经济等加快发展,将成为吸纳大学生就业的重点领域。

根据对2019届应届毕业生的统计,毕业生主要的期望行业是互联网、传媒、娱乐等新兴第三产业。25.1%的应届本科毕业生的期望行业为IT/互联网,而我国中西部地区的互联网经济和生产服务性行业发展水平相比于沿海地区仍有较大差距,在传统制造业对于毕业生吸引力不强的情况下,例如教育、信息服务、文化娱乐等服务行业成为大学生就业的重要渠道。2019届毕业生期望行业分布见下图。

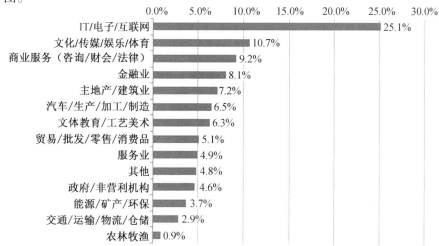

2019届毕业生期望行业分布

8.1.3 国家的"保就业"政策

近年来受疫情影响,在就业岗位数量减少的大背景下,我国保就业政策继续强化,一方面通过补贴、财税优惠等援企稳岗,另一方面通过各种就业创业扶持政策等扩大就业渠道,在一定程度上缓解就业压力。例如,截至2020年9月初,当年政策性岗位吸纳280多万高校毕业生就业、较2019年同期增加70多万。7月以来,政策进一步鼓励灵活就业、加大创业服务支持力度。进入2021年,由于海外疫情影响导致出口贸易相关企业业务不振,同时2020年未就业大学生数量依然较多,国家出台了一系列保就业政策。疫情爆发以来国家针对大学生就业采取的保就业政策见下表。

疫情爆发以来国家针对大学生就业采取的保就业政策

时间	内容
2020年2月5日	加大失业保险稳岗返还力度,将中小微企业失业保险稳岗返还政策裁员率标准由不高于上年度统筹地区城镇登记失业率,放宽到不高于上年度全国城镇调查失业率控制目标,对参保职工30人(含)以下的企业,裁员率放宽至不超过企业职工总数20%
2020年2月18日	决定阶段性减免企业社保费和实施企业缓缴住房公积金政策,多措并举稳企业稳就业。除湖北外各省份,从2月到6月可对中小微企业免征社保费,从2月到4月可对大型企业减半征收;湖北省从2月到6月可对各类参保企业实行免征
2020年3月18日	加大失业保险稳岗返还,对不裁员或少裁员的中小微企业,返还标准最高可提至企业及其职工上年度缴纳失业保险费的100%,湖北省可放宽到所有企业;对暂时生产经营困难且恢复有望、坚持不裁员或少裁员的参保企业,适当放宽其稳岗返还政策认定标准,重点向受疫情影响企业倾料,返还标准可按不超过6个月的当地月人均失业保险金和参保职工人数确定,或按不超过3个月的企业及其职工应缴纳社会保险费确定

续表

时间	内容
2020年4月15日	降低申请门槛、适当提高额度:小微企业当年新招用符合条件创业担保贷款申请条件的人数与企业现有在职职工人数的占比,由20%下降为15%,超过100人的企业下降为8%。符合条件的个人最高可申请创业担保贷款额度由15万元提高至20万元。对符合条件的个人创业担保贷款借款人合伙创业的,可根据合伙创业人数适当提高贷款额度,最高不超过符合条件个人贷款总额度的10%。对流动性遇到暂时困难的小微企业和个人(含个体工商户,下同)创业担保贷款,可给予展期,最长可展期至2020年6月30日,展期期间财政给予正常贴息。对已发放的个人创业担保贷款,借款人患新冠肺炎的,展期期限原则上不超过1年
2020年5月9日	要求加大幼儿园教师补充力度,完成"特岗计划"招聘计划并对湖北省、湖北籍以及湖北高校毕业生予以倾斜等
2020年7月中旬	配合教育部增加农村义务教育学校特岗教师招聘计划5 000人,达到10.5万人,支持地方补充优化乡村学校教师队伍,优先满足"三区三州"等深度贫困地区,特别是52个挂牌督战地区、疫情严重地区村小、教学点的教师补充需求
2020年7月15日	各地要将贫困家庭高校毕业生及时纳入就业帮扶,建立健全覆盖就业创业全过程的帮扶机制,使建档立卡贫困家庭、零就业家庭毕业生全面就业到位,使有需求的其他贫困家庭毕业生全面帮扶到位,有就业意愿的都能实现就业或组织到就业准备活动中。加强招聘服务。各地各高校要在"百日冲刺"行动中对贫困家庭毕业生实施专项服务,组织其参加24365校园招聘等专项活动,积极帮助他们解决网上求职遇到的困难和问题。对有异地求职意愿的贫困家庭毕业生,依托大中城市联合招聘,组织跨地区服务协作和岗位共享,为其求职提供便利
2020年7月28日	鼓励劳动者创办小规模经济实体,支持发展各类特色小店,增加非全日制就业机会,推动非全日制劳动者较为集中的行业提质扩容。增强社区服务业吸纳就业能力。加强审批管理服务,开通行业准入办理绿色通道,对需要办理相关行业准入许可的,实行多部门联合办公、一站式审批。取消涉及灵活就业的行政事业性收费,将灵活就业人员纳入创业培训范围,按规定落实职业培训补贴和培训期间生活费补贴

续表

时间	内容
2020年8月6日	要求地方各级人民政府要高度重视农民工就业创业工作,将其作为稳就业和保居民就业重点,健全公共就业服务体系,加大农民工就业创业政策落实力度,统筹用好各类资金,将吸纳农民工就业数量作为城镇建设用地增加规模的重要因素,保障农民工平等享受就业服务政策
2020年10月9日	突出抓好重点群体就业。开展高校毕业生就业创业推进行动和技能培训,提升就业能力,拓展市场化就业渠道,做好对未就业毕业生"不断线"服务。加大对农民工就业服务和创业支持,扩大以工代赈建设领域和实施范围。强化困难人员就业援助。统筹做好受灾群众、退捕渔民、残疾人等就业工作

> **课堂训练**
>
> 利用周末时间,分小组到人才招聘市场亲身感受目前的就业形势。

8.2 影响大学生就业的因素

就业形势严峻既有大学生自身的主观因素,也有学校、社会、用人单位等方面的环境因素影响。这些主观因素和客观原因是影响大学生就业的主要因素。

8.2.1 大学生自身的原因

1. 现实与理想不同步

有些大学生一直处于校园环境中,极少接触社会,对目前的就业形势及岗位需求了解不足,自认为有文凭、有知识、有能力,在择业时就应该到一、二线城市中环境舒适、收入水平高的企业去工作,不愿意选择民营中小企业以及工作条件相对艰苦、地处偏僻地区的工作岗位。往往这种地域的工作岗位更有利于青年学生锻炼成长,有利于磨炼人的意志品质。当然,也有一部分毕业生自我评估偏低,工作岗位与自身学历和能力水平不匹配,致使自己在工作中不适应,工作动力不足。

2. 过分强调专业对口

有些大学生狭隘地认为自己将来从事的职业一定要与所学专业对口,因此在求职时只考虑专业对口与否,专业不对口不选择,因此择业受到限制,就业遭遇失败;即使找到一份与专业不对口的工作,也总认为工作不理想,因此表现出心浮气躁、工作不踏实、缺少激情的不良状态。

大学生在就业时可以选择先就业再择业,要将目光放得长远些,不要一味追求专业对口与否,给自己人为地制造求职障碍。高校毕业生只有在工作中不断提升,掌握更多的实践知识,才能将理论知识与实践知识有效结合,也才能在未来的工作中取得更大的进步。

课堂训练

王东是宁波市某专科院校的应届毕业生,所学专业为法律。他从大三以来便开始忙着找工作,觉得自己的专业挺好,找个专业对口的工作应该不难,所以他每次应聘都把简历投向了司法单位。可是投出几十份简历后,所获得的最好结果就是通知参加面试,经过很多面试,最后用人单位还是以学历层次低、能力欠佳为由把他拒之门外。

思考并回答:

1. 王东为什么被很多单位拒之门外?
2. 你给出的解决办法是什么?

---

3. 不愿从事艰苦岗位工作

大学生往往过高地估计自己的实力,总觉得自己读了大学,毕业时就一定能找到一份满意的工作,因此求职标准过高。初入职场,工作环境艰苦、收入水平低是难免的,但面对枯燥、繁重的工作,一些毕业生就很快想"跳槽",不能安心做本职工作,总觉得还有更好的工作岗位在等着自己,时时刻刻准备换工作。即将毕业的大学生,一定要对自己有一个正确的判断,不要好高骛远,避免对择业过于理想化。

4. 缺少规划,行动盲从

有些大学生对职业生涯没有思考和规划,未来职业路径不明确。经过几年的大学学习,虽然具备了一定的学识和知识,但与社会需求的人才还相去甚远。因此,当他们初入职场时,对自身没有一个正确的定位,不确定自己的职业方向和发展目标,对前途迷茫、彷徨、不知所措,或者盲目找份工作维持生计,又或者频繁更换工作,没有科学的职业发展规划。

> **课堂训练**
>
> 郭文所学专业为计算机,毕业之后到一家计算机公司干了两个月,觉得公司的销售业务量大,技术工作量小,学不到太多有用的知识,于是跳槽到了一家软件公司。他以为这下有了学习的机会,结果工作拿不下来,技术也跟不上,工作中涉及的东西与原来自己所学专业关联不大,工作吃力,工作质量和进度都不能满足公司要求。老板很生气地说道:"这是公司,不是培训班。"最终郭文还是被老板炒了鱿鱼。又过了两个月,郭文才找到了一家专搞弱电的公司,业务范围很广,电子、通信、计算机都能用得上,由郭文和几个老员工搞局域网安装。工作中,郭文看不惯的事情太多,尤其是单调重复的工作、紧张疲惫的加班以及沉闷压抑的气氛,这些再一次让郭文有了想离开的念头。
>
> 思考并回答:
> 郭文所存在问题的原因是什么?

8.2.2 社会环境因素的影响

大学生就业受到经济和社会发展等综合因素影响。国家经济社会发展、产业结构调整和内需拉动变化,带来职业类型和岗位类型的不断变化,而高校部分专业设置滞后于社会需求,出现就业结构性问题。还有区域经济发展不平衡等因素影响,形成人才供给与需求的极大矛盾。

8.2.3 用人单位方面的原因

1. 过分关注文凭

不少用人单位认为,学历越高的大学毕业生工作能力越强。选人唯学历化,造成受聘人员水平和能力与岗位不相适应。

2. 存在性别歧视

个别用人单位考虑到女大学生生理因素、婚姻因素、成就动机,以及生育保险费和女工劳动保护费用等问题,不愿选择女大学生,使得女大学生明显处于劣势。

3. 生源地域歧视

某些用人单位希望招聘的大学生熟悉当地方言及风俗,甚至有一定的人际关系网等,选用人才时优先考虑本地人才。甚至一些地方政府招聘公务员时也存在生源地域歧视,这些都不利于大学生公平竞争。

4. 过分看重工作经验

经验不足是大学毕业生最大的劣势。不少用人企业将工作经验作为入职的门槛,忽视大学生的潜力和可塑性,忽视大学生有一定的专业知识、经过实践锻炼可以胜任工作的事实。

8.2.4 学校方面的原因

目前我国高校中也存在一些因素,造成大学生就业困难,例如:注重学生基础知识学习,忽视实践技能训练。就业指导体系不完备,促进就业措施不到位。专业设置仍然存在不合理的现象,一些专业设置难以适应市场的需求,很多学校不顾自身"软件""硬件"是否允许,设置了大量投资少、见效快的"热门"专业,导致专业结构进一步失衡,这些因素也进一步造成了大学生的就业困难。

> 📋 **课堂训练**
>
> 调查一下你所认识的、已经毕业的学长或学姐目前从事什么工作。他们认为目前就业趋势是什么?结合自己所学的专业,畅想一下你毕业后就业形势会是什么样的。

8.3 我国目前的就业政策

2020年政府工作报告指出,千方百计稳定和扩大就业。加强对重点行业、重点群体就业支持。促进高校毕业生就业是就业工作的重中之重。为贯彻落实党中央、国务院"稳就业""保就业"决策部署，进一步完善高校毕业生就业支持体系，全力促进高校毕业生更加充分更高质量就业，相关支持政策如下。

8.3.1 大学生就业政策

1. 积极拓展政策性岗位

(1) 用足用好稳就业政策。

各地教育部门要配合和会同相关部门，推动稳就业政策向高校毕业生重点倾斜，落实好党政机关、事业单位、国有企业等空缺岗位主要招聘应届高校毕业生等政策，统筹协调好招录工作安排。

(2) 积极拓宽基层就业渠道。

各地各高校要会同有关部门，围绕实施乡村振兴战略、服务乡村建设行动，做好"特岗计划""大学生村官""三支一扶""西部计划"等基层项目组织招录工作，落实好学费补偿代偿、升学优惠等政策。各地教育部门要协调相关部门，尽可能扩大地方性基层就业项目规模。鼓励采用市场化社会化办法，给予更多政策支持，引导毕业生围绕城乡基层社区各类服务需求就业创业。

(3) 深入推进大学生征兵工作。

各地各高校要配合兵役机关落实"两征两退"改革新要求，实施一年两次大学生征集工作，分别安排在2~3月、8~9月，预征工作提前2个月进行，第一批重点动员征集高校毕业生。强化军地协同，按照新的时间节点，制定本地本校大学生征兵工作方案。实施更大力度激励政策，2021年起"退役大学生士兵"专项硕士研究生招生规模由5 000人逐步扩大至8 000人，2022年起普通专升本可免试招录退役的普通高等职业院校（专科）毕业生。加强征兵动员，重点宣传新激励政策和新体检标准，提高大学生征集规模特别是毕业生征集比例。

(4) 扩大科研助理招录规模。

各地各高校要落实科技部、教育部等部门相关文件要求，增强科研助理岗位吸引力，落实社会保险、户口档案等相关政策，合理确定薪酬标准。

(5) 树立正确用人导向。

抓好中共中央、国务院《深化新时代教育评价改革总体方案》落实落地工作，各省级教育部门要协调和配合有关部门，推动党政机关、事业单位、国有企业带头扭转"唯名校""唯学历"的用人导向,在招聘公告和实际操作中不得将毕业院校、国(境)外学习经历、学习方式(全日制和非全日制)作为限制性条件,建立以品德和能力为导向、以岗位需求为目标的人才使用机制,改变人才"高消费"状况,形成不拘一格降人才的用人氛围。各地各高校要建立用人单位招聘黑名单制度,将经认定存在就业歧视、欺诈等问题的用人单位纳入黑名单,定期向毕业生发布警示信息。

2. 积极拓展市场化岗位

(1)建立就业岗位拓展新机制。

成立高校毕业生就业创业指导委员会,广泛汇聚市场化社会化就业创业资源。组织举办重点省份、重点城市、重点行业、中小微企业等就业创业供需对接系列活动。各地各高校要主动联系用人单位和招聘机构,多种方式拓宽岗位信息来源。鼓励举办区域性、行业性、联盟性招聘活动。

(2)拓展新兴领域就业空间。

各地各高校要挖掘平台经济、共享经济中的就业机会,引导毕业生发挥智力优势,到战略性新兴产业就业创业。鼓励毕业生到先进制造业、现代农业、现代服务业等领域多元化多渠道就业。配合有关部门完善社会保障和灵活就业支持政策。

(3)持续推进创业带动就业。

加大"双创"支持力度,会同有关部门落实大学生创业优惠政策。继续举办中国国际"互联网+"大学生创新创业大赛。组织开展"高校毕业生创业服务专项活动",发挥创业孵化基地作用,推动各类创新创业大赛获奖项目成长发展、落地见效,带动更多毕业生实现就业。

(4)推进就业实习见习。

建立全国高校毕业生就业实习信息平台,汇集发布高校毕业生就业实习岗位信息。各地各高校要将实习作为促就业的重要渠道,加快完善就业实习管理制度,深化校企校地合作,建设大学生就业实习基地,开发更多就业实习岗位,推动更多毕业生通过实习实现就业。配合有关部门实施好"三年百万青年见习计划",提供不断线就业服务,推动离校未就业毕业生参与就业见习。

3. 进一步提升就业指导服务水平

(1) 强化就业育人实效。

各地各高校要把毕业生就业作为立德树人的重要环节,作为"三全育人"的重要内容,不断健全"就业思政"工作体系。开展以"成才观、职业观、就业观"为核心的就业主题教育活动,通过政策形势讲座、榜样示范引领等形式,引导毕业生把个人理想追求融入现代化国家建设新征程,主动投身国家重大工程、重大项目、重要领域就业。

(2) 加强职业发展教育和就业指导。

加强大学生职业发展教育,组织开展"全国大学生职业发展教育活动月"等活动。举办"互联网+就业指导"公益直播课,建立"全国大学生就业创业指导专家库",打造大学生就业创业指导"名师金课"。各地各高校要针对不同年级开展学生职业发展和就业指导活动,提供职业发展咨询和就业心理咨询服务,引导学生树立健康、积极、理性的就业心态。

(3) 建设高质量就业服务平台。

加强就业服务信息化水平,优化完善"24365校园网络招聘服务",建设"24365高校毕业生智慧就业平台",构建部、省、校联通共享的高质量就业服务体系,组织高校就业工作人员、毕业班辅导员和毕业生注册使用。各地各高校要共同参与实施"24365岗位精选计划",精确采集岗位要求和求职意向,向高校毕业生精准推送岗位信息。优化完善本地本校网上就业服务,提升人岗匹配精准度和实效性。

(4) 加强重点群体就业帮扶援助。

实施低收入家庭毕业生、少数民族、残疾等重点群体毕业生就业创业能力提升行动,开展重点群体毕业生就业创业能力培训。各地各高校要建立低收入家庭毕业生就业帮扶工作台账,按照"一人一档""一人一策"要求重点帮扶,帮助有就业意愿的贫困生尽快就业。

8.3.2 高职毕业生就业促进措施

为促进毕业生高质量就业,国务院办公厅、教育部、人力资源和社会保障部等部门相继出台了一系列针对高职院校毕业生就业的利好政策,以就业市场为导向,加速高等职业教育教学改革,提升人才培养质量。

1. 调整专业方向,优化专业结构

根据国家经济社会发展、产业结构调整和内需拉动的需要,依照岗位需求的变化,及时对专业方向进行调整,通过不断更新、调整专业课程设置和顶岗实习实训内容,提升学生的就业能力和社会适应性。高职院校要与就业市场用人情况随时保持同步,时刻关注市场动态,把握正确的就业方向。

> **课堂训练**
>
> 杨兴一直希望自己能够进入计算机软件专业学习,但高考后,他被某职业技术学院物流专业所录取,虽然不是理想的专业,但他还是下定决心学好专业,要学有所成。入校后,他了解到物流专业是该院根据市场需求开设的重点建设专业,目前专业人才供不应求,就业形势非常乐观。于是他坚定了专业信心,认真学习专业课,成绩优异,还积极参加学院各项社团公益活动。现在,杨兴已与北京某知名物流公司签订了就业协议。杨兴用自己的实际行动,改变着现实生活。
>
> 思考并回答:
> 理想与现实存在矛盾时,怎样的做法才有利于职业发展?

2. 强化顶岗实习,提高就业能力

学校要确保每名学生在毕业前都有半年至一年的顶岗实习实训经历。与对接企业一起加强对岗位任职需要的技能培训,着力提高毕业生的实践能力,满足企业的用人需求,提高就业能力。

大学期间的顶岗实习经历有利于学生顺利就业,顶岗实习可以快速提高实践操作技能。此外,在深入企业实习阶段,通过了解企业管理流程,感受企业文化内涵,形成自身的职业品质。

> **课堂训练**
>
> 　　浙江某电子厂是生产传真机、电视机等电子产品的大型加工企业,产品远销国内外。某工业科技学院电子专业与该厂达成了"工学结合"合作协议。根据协议,学生在校内完成专业基础课程学习和专业基本技能训练后,进入该厂"工学结合"。针对该厂的产品类型,学校对课程设置进行了调整和整合,并设置了与工厂产品对应的专业课程,如电视机制造原理,使"工"与"学"的内容紧密结合。"学"由学校与工厂共同实施;学校派出专业教师,工厂抽调工程师,穿插授课,晚修辅导则由学校分派长期驻厂的老师承担;"工"由工厂实施,按照企业的模式管理学生,学生在生产线上顶岗劳动。学生在顶岗期间,企业提供与员工同等的福利。学生为企业创造了财富,工厂以实习津贴回报学生。
>
> 　　思考并回答:
>
> 　　通过上面案例,结合你所学的专业,分析顶岗实习对专业技能提升的作用有哪些?

3. 实施"双证书"制度

　　通过学中做、做中学,突出职业岗位能力培养和职业素质养成。积极推进"双证书"制度和"多证书"制度,要把相关专业获得相应职业资格证书作为大学生毕业的条件之一,在颁发专业学历证书前,努力使符合条件的应届毕业生通过职业技能鉴定获得相应职业资格证书。

4. 鼓励引导毕业生到基层就业

　　高职院校的人才培养目标是培养面向生产建设、服务管理一线需要的高级技能型人才。高职院校毕业生到乡镇农村、基层社区和各类中小企业就业,不仅能够提升基层从业人员的知识结构和能力素质,维护社会稳定,而且能够使毕业生的身心素质得到锻炼,促使其健康成长。

课堂训练

张宇是某职业技术学院毕业生,毕业时发誓要留在大城市的他在专升本考试失利、参加国家公务员考试未通过之后,回到了自己家乡的县城,在一家公司找到了一份工作。经过一段时间的工作之后,因为专业技术熟练,为人谦虚,做事勤快,没多长时间,领导就让他在很多事情上挑起了大梁。他感慨:"退一步海阔天空,现在我感受到了海阔天空,但并没有感到退一步。"

思考并回答:

1. 分析张宇所说"退一步海阔天空,现在我感受到了海阔天空,但并没有感到退一步"隐含的意义是什么?

2. 分小组讨论我国现行的就业制度对高职院校大学生的影响,澄清认识误区,熟悉就业政策。

单元 9 就业心理与就业观

案例导入

马克思的职业选择

1835年,17岁的马克思参加了中学毕业考试,其中考试的作文题目是《青年在选择职业时的考虑》。他的同学多以个人幸福作为选择职业的标准,而马克思把职业选择与社会责任联系在一起。马克思写了《青年在选择职业时的考虑》,抒发了自己对职业选择的考虑,表达了自己为人类服务的崇高职业理想。

马克思认为,选择职业对于青年来说是一件重大的事情,一个青年应当选择最能为人类服务、最能实现人类幸福的职业。他在毕业论文中写道:"如果一个人只是为自己而劳动,他也许能够成为著名的学者、伟大的哲人、卓越的诗人,然而他永远不能成为完美的、真正伟大的人物。"他还说:"如果我们选择了最能为人类而工作的职业,那么,重担就不能把我们压倒,因为这是为大家做出的牺牲;那时我们所享受的就不是可怜的、有限的、自私的乐趣,我们的幸福将属于千百万人,我们的事业将悄然无声地存在下去,但是它会永远发挥作用,而面对我们的骨灰,高尚的人们将洒下热泪。"

请思考:

年仅17岁,中学时代的马克思已经具有了为人类服务的伟大抱负,他高尚的职业理想对青年学生树立科学就业观有哪些启发?

就业是大学生人生道路上面临的重要转择,就业过程也是对大学生心理素质的挑战,在毕业前做好充分的心理准备,注重就业心理的优化和调试,对毕业生求职就业十分必要,良好的就业心理素质是解决好就业问题的重要因素。

 ## 9.1 保持良好的就业心理

9.1.1 就业心理

就业心理是大学生在选择职业时所表现出来的各种心理状态和心理特征的总和,是就业过程中,注意力、兴趣、动机、情感和意志等各种具体形式所表现出来的倾向性和能动性。

9.1.2 大学生就业心理倾向

大学生在就业过程中常常表现出稳定自信的心理状态,同时还表现出波动又复杂的情绪,主要体现如下。

1. 就业心理呈现多元化趋势

学生就业心理不仅受到社会、学校、家庭、个人等多因素影响,而且,随着社会人才需求规格多样化,高校专业人才目标的培养体系和层次趋向多元化,学生就业心理也出现了多元化的趋势。冷静、稳定、焦虑、消极等多种心理并存。随着高校毕业生的就业选择越来越多。一方面就业心理素质表现相对稳定,另一方面心理倾向又具有波动性。例如,很多毕业生更看重个人发展空间和企业文化,认为工作不只是简单的获取薪酬、重要的是满足兴趣与实现人生意义。但同时,就业期望值又过高,不愿意选择边远地区或基层就业。

2. 缺乏良好的就业心理认知

很多毕业生不能根据就业形势、社会职业状况、用人单位信息等进行客观准确的自我观察、自我剖析和自我定位,以此做出就业决策。由于大学生与社会接触不多,大学阶段更多是封闭的校园生活,与社会现实存在一定距离。大学生活结束,很多毕业生不能及时进行角色调整。遇到理想和现实、就业与择业、观望与竞争等一些困惑和问题,心理便会出现矛盾与不平衡,甚至不愿意去面对复杂的社会现实。不能主动接受社会的选择,不善于调节情绪,难以保持良好的心理状态。

3. 心理期望值偏高

很多大学生就业心理期望值高,但缺乏行动力与核心竞争力。认为大学毕业,已经是社会的栋梁,感觉自己能够到一个非常优质的平台去实现自己的价值。但是转变为现实的求职者,真正步入工作岗位之后,才发现自己的能力与现实要求存在明显的差距,学历并不代表核心竞争力,突然变得不自信了,没有做好长期艰苦奋斗以适应现实的心理准备。

9.1.3 常见的大学生就业心理偏差及调试

大多数毕业生能够正确判断就业形势,积极调整就业心理,但也有部分大学生对自我认识不足,社会定位不准,在忙碌的择业、就业过程中出现了一些心理偏差,主要表现如下。

1. 焦虑心理

大学毕业生在求职过程中,焦虑心理是普遍存在的。毕业生既希望谋求到理想的职业,又担心自己的失误会遗失工作机会,并对未来的职业发展感到忧虑,因此在就业过程中存在一定焦虑心理,造成精神紧张、烦躁不安、意志消沉,行为上也表现出反应迟钝、无所适从,过度焦虑会导致心理和情绪失衡,影响求职主观能动性的发挥。

克服焦虑心理,就需要打破事事求稳、求顺的想法,增强竞争意识。求职过程本身就是一种竞争,而有竞争难免会有风险和失败,正视风险和挫折,焦虑的心理就能得到相应的缓解。此外,毕业生还应改变自己择业心切、急于求成的思想,要客观地分析自己,合理地设计求职目标,不盲目与他人攀比,更不应有从众心理,这样才能减轻焦虑的程度。

课堂训练

肌肉张弛放松训练

教室整洁、安静、光线柔和。取舒适体位坐好,开始训练。

第一步:请深吸一口气,然后慢慢地呼出,再做第二遍。

第二步:尽量提眉,然后放松,体会放松的感觉。

第三步:紧闭双眼,然后放松。

第四步:咬紧牙关,放松。

第五步:低头和仰头。尽量低头将下颌贴到胸口,然后放松;头尽量向后仰、然后放松。

第六步:缩肩和耸肩。双肩向前向胸部靠拢,然后放松;再将双肩向后打开挺胸,然后放松;再将双肩耸起,然后放松。

第七步:紧握拳头,紧握、再紧握,然后放松。

第八步:让肋骨上提,膈肌下降,胸腔扩大,呼气放松。

第九步:收腹,放松。

第十步:绷紧腿部肌肉,然后放松。

第十一步:尽量将脚尖抬起,然后放松。

第十二步:全身肌肉放松,体验放松的感觉。

通过肌肉张弛放松训练,可缓解或消除各种不良身心反应,如焦虑、紧张、恐惧入眠困难等症状,达到心理平衡。另外,在应聘前有紧张或恐惧感时,通过深呼吸或一组、二组肌肉张弛放松训练,可以取得转移注意力,放松心情的效果。

2. 消极心理

近年来出现了"慢就业"现象,随着我国高等教育从"精英教育"过渡到"大众化教育",出现"结构性"就业难。大学生承受的外在压力也就相应增多。有的学生在就业受挫后不能正确调整心态,表现为情绪低落、消极等待。还有的学生总觉得还没有遇到最满意的单位,对现有就业岗位挑三拣四,处于消极观望的拖延状态。有的抱着"车到山前必有路"的心理,放弃积极的求职努力,严重时甚至对外界的环境漠然置之,对一切都无所谓,导致消极抑郁心理状态发生。

对于消极抑郁心理,毕业生首先要深刻领会国家就业政策,正视现实和自身,降低自己择业的期望值。做好就业后期望值与现实有差距的心理准备,树立吃苦精神,到基层去,到真正能发挥自己才能的地方去;加速提高素质,培养多种能力,正确对待现实中的用人单位和岗位。

3. 自负心理

网上流行语"钱多、活少、离家近"成了一些毕业生理想的就业追求。更多的毕业生向往大城市的高薪水、高职位、高收入,即使找不到合适的就业岗位,也不愿意降低就业期望值。这些就业意向和追求无可厚非,但在一定程度上也反映出,毕业生缺乏客观的自我分析和自我评价。他们认为自己大学毕业,有专业技能,理所当然能够得到理想的职位和工作,总想一步到位找到理想的工作,好高骛远,对自己的评价过高。这种自负心理对就业的负面影响很大,常常错失就业良机。

克服自负心理的关键是正确评价自我。首先要进行社会比较,即将自己与社会上其人做比较,通过与老师、家长、同学的交流得到客观评价;其次要进行自我反省,明确自己的专业发展方向是什么,自己的优势和劣势是什么,自己最适合做什么工作等;最后根据自己的需要选择科学的心理测试,如能力测试、人格测试、兴趣测试等,对自己的能力倾向、兴趣和性格做一个客观评估,以帮助自己科学认识和评价自我。

课堂训练

小李是计算机软件专业的高才生,在大学期间获得国家一等奖学金,并担任学生会干部,获得奖励多项。他给自己的职业定位就是一定要到知名度高、待遇高的公司工作。他在面试一些企业后都觉得公司规模小或对工作地区不满意,便放弃了很多被录用的机会。毕业临近,还没有找到工作的他十分焦急。后来,当地一所待遇不错的民营企业录用了他,他想先过渡一下,但是该企业要安排他到外地分公司工作,他认为这是对他不重视,便拒绝了这份工作。许多同学都已经签了协议,他还在找工作。

思考并回答:
1. 对于这种状态的小李,你认为他的心理问题是什么?
2. 能为他纠结的状态想到什么更好的办法吗?

4. 自卑心理

自卑心理在大学生就业过程中也极为常见,这种心理表现为对自己的评价过低,不能正确评价自己的优缺点。部分大学生由于在求职过程中受挫,产生了对自身能力的怀疑。还有的毕业生因为来自非重点高校,或所学专业较冷门,或自身性格内向,不善于表达,于是对自己的职业前途持消极、自卑的态度。这种心理会影响大学生发挥自身优势,难以实现高质量就业。要消除就业自卑心理,首先,要找到问题的源头,学会正确地评价自己,纠正过低的自我评价。其次,正确看待自己的弱点和不足,努力提升自身能力,通过积极的心理暗示,增强就业自信。

常言道,东边不亮西边亮,失之东隅收之桑榆。在求职时,客观评价自己的实力,选择匹配的企业和岗位,成功率就会高很多。每个人都有自己特定的气质、性格、兴趣、爱好、能力和特长,这些因素决定了适合自身的职业和发展方向的不同。全面了解自己的特点是选择职业的重要前提,作为一名求职者,只有在"知己"的基础上才能扬长避短,从而做出适合自己的求职决策。

课堂训练

高职院校毕业生张某,学习成绩和综合条件都不错,在就业初期满怀信心。但由于毕业院校不是什么名牌院校,所学又是冷门专业等原因,应聘几家企业都碰了壁,结果产生了自卑心理,遭受挫折后一蹶不振,在后来的求职应聘过程中表现得越来越差,以至于到了用人单位,第一时间总是被动地问:"学某某专业的要不要""所有的岗位我都接受",面对应聘单位提出的问题回答得更是支支吾吾,最终未能落实就业单位。

思考并回答:

毕业生张某因为就业不顺利,导致自卑心理发生,对自己评价过低,通过什么办法进行心理调整,可以让他主动、大胆地与用人单位交谈,以实现顺利就业?

5. 攀比心理

大学生在求职过程中,很容易出现攀比的心理。每个人在求职季都很关注其他同学的求职进展。某同学接到某个公司的面试通知了,某同学去知名度高、效益好的单位了,某同学去大城市了,每个人都被这些消息不断地冲击着,又由于缺少坚定的目标,容易形成过度攀比的心理。将同学的信息作为自己就业的标准,在择业心理上有"我不能比别人差""我不能不如人"的想法。不从实际出发,不考虑择业时的各种综合因素,高不成、低不就,延误了时机,陷入被动。

"尺有所短,寸有所长",每个人都有自己的优势和不足,要有清醒的自我认知,要了解自己适合匹配的工作,怎样的环境最能发挥自己的潜能。如果不顾个人的现实条件,盲目攀比,太突出个人的愿望而不考虑工作所需,就业中可能会更加迷茫失落。所以,大学毕业生应当做好自我定位,及早做好职业生涯规划,脚踏实地地去实现自己的人生目标。

6. 偏执心理

就业过程中的偏执心理主要表现为追求公平的偏执、高择业标准的偏执、对专业对口的偏执等。在就业过程中,将自己就业的一切问题归结于就业市场不公平;有的学生不能及时调整就业目标,甚至宁愿不就业也不做改变;有的学生不顾社会需要,无视专业的适应性,只要不能从事与本专业对口的工作就不签约,这样的偏执心理必然会减少就业的机会。

克服偏执心理最根本的办法就是接受客观现实,调整就业期望值。在择业时要看得长远一些,学会规划长期的职业生涯,在当前获得一个理想职业的时机还不成熟的情况下,可采取"先就业后择业"的办法。

7. 功利心理

很多毕业生就业时只关注工作待遇、收入等现实利益,宁愿放弃理想、放弃专业,只要是有面子、受追捧的职业,不管是不是符合自己的专长和兴趣,都想去争取,缺乏长远发展的眼光,因此可能失去了更有发展空间的工作。

在就业问题上要克服功利心理,首先,要了解自己的优势和劣势,科学规划职业生涯,通过实践了解职业发展路径。其次,通过顶岗实习和职业体验,对自己的能力、性格、特长等有准确的认识,使职业与自身情况相匹配,根据自己的客观实际情况,以务实态度选择最适合自己的职业。

9.2 树立正确的就业观

9.2.1 就业观

就业观是人们关于职业理想、就业动机、就业标准的根本观点和看法,是就业者的世界观、人生观、价值观在就业问题上的集中反映。就业观是大学生走向求职市场的思想先导,它支配着毕业生择业的方向和定位。树立正确的就业观能指导大学生在就业时做出理性、合适的选择。

9.2.2 就业观的常见误区

面临就业的大学生,由于对自身及社会的认识相对缺乏,在就业观方面难免会存在一些误区,主要表现在以下几个方面。

1. 一次就业定终身

随着社会的发展,就业途径越来越多元化,日益细化的行业分工为大学毕业生提供了更多的选择机会。一次就业的观念已经跟不上社会发展的步伐。就业的第一份工作一般不可能是终身的唯一职业,要改变求职"一步到位""一成不变"的就业观,要将自己的职业目标、价值观、择业要求与客观环境结合起来进行思考和评估。

2. 过分强调专业对口

因为在校期间完成了专业的学习,想找到一个对口的专业发挥才能是可以理解的,但现实需要与我们所学的专业往往难以吻合,专业与工作不对口,已经成为毕业生求职的共性,而非个性。还需要以服从单位需要为主,强求工作岗位与所学专业无缝对接,是不可能的,也是不现实的。

3. 靠关系谋职业

有些求职者总结出所谓"求职五大法宝",即能力、关系、财力、学历、相貌。其中"关系"被求职者认为是"稀有资源",靠关系的求职者普遍具有依赖心理,他们自认为家庭条件优越,有社会关系,不用费力便能找到稳定、高收入的工作,但即使找到所谓的理想工作,没有实力,在实际工作中不能胜任,靠关系也难以长久。而且,一些不法组织和个人利用求职者找工作时的急切心理,以"找关系"为幌子骗取他们的财物。

4. 知识精英心态

自主择业给求职者提供了自由选择和公平竞争的机会。但是,一些求职者表现出盲目的骄傲,往往过高地评价自己的学识与能力,对一般的企业、一般的职位不屑一顾,一厢情愿地对用人单位提出各种要求,遭到拒绝也不肯降低就业期望值。这部分人在工作岗位上也容易出现眼高手低的情况。就业能力上,可能不如学历低但更努力的人。用人单位也更关注求职者吃苦耐劳、踏实勤奋的敬业精神。毕业生在求职过程中,只有放下身段,从基层做起,改变"高不成,低不就"的心态,才能矫正择业行为的偏差。

"高不成,低不就"也是很多大学生就业难的主要原因。想留在大城市去大公司发展,又想做自己喜欢的工作,还希望工资待遇达到期望值,这些自以为很容易满足的择业条件,在踏入社会时很难达到,会一次次的打击他们的信心。大公司进不了,小公司不想去,这种"高不成,低不就"的心理常常把这部分毕业生拦在门外。

5. 大城市趋向

《就业蓝皮书:2020年中国高职生就业报告》显示,毕业生到长三角、珠三角就业占比最高。部分大学生面对择业时,坚持选择去东南沿海大城市就业。在他们看来,北上广深等一线城市才有更多的发展机会,他们宁可到沿海地区或大城市改行,也不愿意在当地欠发达地区择业。他们往往忽略了在大城市生活的高成本和高压力,更少考虑自身事业发展及国家需要,陷入"长安容不下肉身,邑城放不下灵魂"的理想与现实的纠结。

9.2.3 如何树立正确的就业观

树立正确就业观的核心是以社会需要为重,认识到职业不仅是谋生的手段,更是为社会服务的工具。应将职业理想建立在充分了解自己和社会发展的基础上,把个人理想和价值的实现与国家利益紧密结合。

1. 心系社会,职业理想与社会需求相结合

大学生是社会主义事业的建设者和可靠接班人,是未来国家建设的中坚力量。所以,在选择职业时应从国家发展和社会的需要出发,不要过分强调自我,大学毕业生应首先视自己为一个社会劳动者,调整好就业心态,要做到社会价值和自我价值的统一。个人对社会的付出越多,贡献越大,职业也就越有价值。所以,当代大学生要培养爱岗敬业、服务社会的就业观。在确立职业理想时,既要着眼当前,又要考虑长远,将社会责任感和民族精神相结合,真正追求个人价值和社会价值的完美统一。

2. 立足现实,转变传统就业观

很多大学生就业受父辈影响,选择去党政机关、国企和事业单位,端上了"铁饭碗",认为这样的工作稳定性好,又有面子。其实,随着时代的变迁,拓宽就业渠道,敢于选择名气不大但又有发展前途的中小企业和私营企业,灵活就业也是不错的选择。

大学生要把心态放平,根据人才市场的需求,及时调整心态,找准自己就业的社会定位,放下自己在亲人、熟人面前的"面子"和虚荣心。对受过高等教育的毕业生来说,应在征求他人意见的基础上,保留自己自主选择职业的权利。转变在机关、事业单位、国有企业工作才算就业的旧观念,大学生只有根据自身条件采取先就业后择业、临时就业、短暂就业、兼职就业或自主创业等灵活多样就业的方式,才能走出就业困境。

3. 基层做起,科学规划职业生涯

大学生对自身"精英"定位的意识很强,"精英情结"在一定程度上影响了毕业生就业观念。"上大学＝社会精英"的观念仍对大学生发挥影响作用,使得学生产生了过高的工作期望度。

大学生要全面了解不同行业对人才的要求和行业性质,科学规划职业生涯,从基层做起,通过实践锻炼自己的业务能力。用发展的眼光去选择自己的事业,客观地审视自己的专业水平、个人潜质、兴趣爱好,确定自己更适合做什么,有多大的发展潜能,通过比较确定最佳职业选择。立足于自己的职业选择,以务实的精神创造出更大的价值。不盲目追求优厚的待遇、优越的工作环境等。例如,西部地区以及一些中小城镇等基层单位人才相对缺乏,大学生去西部、下基层寻找就业机会应当是一个明智之举。西部地区、基层单位为吸引人才也采取了各种措施,为大学毕业生提供了很多优惠条件,并且国家的西部大开发战略也为西部的发展创造了难得的机遇。

4. 脚踏实地,提升就业实力

作为大学生,实力是最好的自我推销名片。从步入大学的那一刻起,就要努力学习专业知识,夯实专业基础。同时要广泛猎取各方面知识,扩大视野,以增强适应工作的能力。大学生应该力争做一个市场相信、单位认可的,既有实力又讲求诚信的优秀求职者。

5. 自主创业,就业的新选择

自主创业作为新的就业方式,也成为更多大学生毕业后就业的理想选择。大学生树立创新创业意识,由"找工作岗位"转变为"自己创造岗位",通过开拓职业新领域,能够更好地实自我价值和社会价值。大学生自主创业,一方面可以学以致用,提升实践能力,培养团队精神和社会适应力;另一方面,国家为大学生创新创业提供了一系列支持和保障政策,创业已经成为解决大学生就业问题的一个比较现实的选择。

现代大学生创业已经不仅仅是为了获取财富,还融入了更多的作为社会人应承担的责任。创业已经成为新时代人们生活中的重要元素,成为一些大学生的生活方式。创业的本身就是社会责任的实现,是以创造经济价值和社会价值的方式为社会做贡献。在创业过程中,创业者要有创业与社会责任融合在一起的营商理念,要着力培养企业家精神。创业过程中,认真执行国家的法令法规,节约资源、保护环境、安全发展,自觉接受国家的监督和管理,履行对国家和社会责任和义务,坚持企业利益和国家利益相统一。

课堂训练

你支持他们的创业选择吗?

某高职院校电商运营专业的 5 名学生,在校期间结合所学专业,组建了"融易团队",这个平均年龄不到 20 岁的年轻团队从大一开始立志创业,他们忙着找项目、组团队、做市场调研……通过对接校企合作公司项目,先后开展了电商运营、设计、文案、市场推广、客服等多项业务。通过全网营销,在各大电商平台推出了营销产品的类目及搭配。4 个月时间,团队助力企业实现销售流水从 0 到 30 万+,制作的网络视频曝光达 80 万+,站外推广在各大网站收录上千词条;原创文案最高阅读量 19 万+,全网营销案例受到合作公司的高度认可。人民网、黑龙江省高校网等多家媒体对此进行了报道。

几年后,5 名团队成员面临毕业就业。因为在校期间的优秀表现,其中,3 名同学被上海、杭州等知名电商企业录用,而另外 2 名同学没有投简历,坚定选择了自主创业,但这 2 名选择自主创业的同学却遭到家人的反对,家里人认为:他们年龄小经验不足,应该先找到一份稳定的工作。等工作几年后,视情况再决定是否创业。也有的同学说:创业风险太大,大学毕业有专项技能,不如到企业先就业,获得稳定的收入心里才有底。而这 2 名同学认为:当前国家和社会对大学生创业给予了的最好的政策支持,还有通过在校期间的历练和实践,专业技能得到了提升,电商创业也积累了一定的经验。虽然创业有风险,但趁年轻做自己最感兴趣、最想做的事,可以最大限度发挥自身能力,实现创富梦想,实现自身价值,这样的选择是值得的。

思考并回答:
1. 你怎么看待就业与创业?你支持哪一种选择呢?
2. 如果是你,你做什么样的就业选择?

单元 10 掌握求职方法

案例导入

冗长的自我鉴定

我认为诚信是立身之本,是我今后立身处世的根本。我应该继续保持这一优良传统,鼓励自己奋发向上。我有个特点,就是做事从来都有始有终,要做的事就要全力以赴,追求最好的结果。

急功近利是我最大的缺点,我喜欢一口气学很多东面,但是造成了"样样懂,门门差"的结局。如今想想,这样其实并不好,如果我一段时期内专注于某一种学问,不求博学但求精通,相信一定能更深刻地理解并掌握这门知识。自从发现自己这个缺点后,我常常警诫自己,步入社会后一定不能一心多用。

通过4年的大学生活,我不仅学到了很多知识,更重要的是有了较快掌握一种新事物的能力。思想变成熟了,性格更坚毅了。与很多同学和老师建立起了深厚的友谊,并在与他们的交往中不断完善自己。社会适应能力也有很大提高,为将来走向社会奠定了基础。

请思考:

1. 案例中这种自我鉴定将个人的特点杂糅在一起的做法是否有利于突出优势?

2. 以什么样的表达方式能够突出重点且让人记忆深刻?

10.1 简历

求职简历,看似简单的几页纸却是大学生学习生活、实践经历、获奖评优的一个缩影。用人单位通过简历就可以对学生的兴趣、特长、学习经历、工作经历、社会实践经历等基本情况有一个初步了解。

10.1.1 简历的形式

简历的形式应便于阅读,清晰的设计可以使用人单位对求职者有一个良好的印象。

10.1.2 简历的填写原则

在填写简历时,要强调求职的目标和重点、语言简练、内容真实,不要出现与求职不相关的信息。

1. 真实客观

求职简历对大学毕业生来说固然重要,但求职者要秉承诚实守信的原则,不能为获得用人单位的青睐而盲目美化自己的经历和优势,更不可以弄虚作假,将不属于自己的经历和成果展现在简历中。比如你是一名刚毕业的大学生,如果在校期间的工作经历非常丰富,可以重点突出在校时的实习、志愿者、学生会等工作经历,陈述中不单单要介绍这些经历,更重要的是提炼出自己从中汲取的经验。

2. 突出岗位对应

用人单位都希望求职者拥有对事业认真、负责的态度,因此,要寻找的是最适合特定岗位的人。如果简历的陈述中没有体现与岗位匹配的信息,或者把自己描述成一个适合于任何岗位的求职者,那么很可能将无法在求职中脱颖而出。

3. 清晰有逻辑

求职者的简历应该突出重点,详略得当,各部分内容衔接合理。个人概况的介绍尽量简洁清晰。在简历页面的上端可以总结性陈述自己的突出优势,便于给招聘者留下深刻的印象。然后在个人介绍中,将经历和优势加以清晰叙述。

4. 陈述有利信息

求职者在简历中要陈述对自身有利的信息,争取更大成功的机会。在面试阶段,个人的综合能力、职业素质和技术水平是求职取得成功的关键,但应聘者只有符合这种关键条件,并将这些信息在简历中进行有利陈述,才能打动招聘者并赢得面试机会。

10.1.3　简历填写的要求

个人简历是求职者获取面试机会的敲门砖,对于求职者有着极其重要的作用,要注意各项内容的填写要求。

1. 个人基本信息

通常情况下,个人基本信息包括:姓名、性别、出生年月、身体状况、政治面貌及自己的联系方式(包括通信地址、联系电话、电子邮件)等。简历中的个人基本信息应讲究简练性和条理性,以上信息基本可以满足大多数的简历要求。

2. 求职意向

表示希望从事的行业或职位,通过简短的、合理的要求使用人单位了解求职者从事该行业或应聘该职位的决心。体现形式如"求职意向:市场营销专员"。此项内容体现与否,可依照求职者的实际情况而定,如果求职者在招聘会中无目标地投递简历,可以在简历中不体现此项内容,避免意向性太强使求职范围受限。

3. 教育背景

"教育背景"这项通常是招聘者最为关注的内容,包括毕业院校、所学专业、学位等。填写的顺序应该是以时间倒序的形式,也就是要把最近获得的学位或最高学历写在前面,以此类推,即大学→高中→初中,后面写出所学专业。如果此部分内容比较简单,也可省略"教育背景"这部分内容,直接在个人基本情况中列出毕业院校、学历、专业等。

4. 主要课程

此项内容是对教育背景的补充说明,主要将在大学期间的主要课程(专业课、公共课和选修课)罗列出来,由于所学课程较多因此不需要一一罗列,只需要将有代表性的专业课和公共课挑选出来即可。如果大学期间学习成绩优异,可以将成绩单附在简历后面,增加给招聘者的良好印象。

5. 工作实践经历

此部分内容会因每个人情况不同而有所差别,同时也是个人能力的综合体现,在校期间的实践表现以及性格特征也都可以反映出来。

(1)社会活动和课外活动。

越来越多的招聘者对此项内容予以关注,尤其是与营销有关的公司和企事业单位等。在学历专业相当的情况下,丰富的社会活动经验更容易引起招聘者的青睐。

(2)勤工俭学经历。

虽然勤工俭学的经历与求职没有直接联系,但是却可以反映出求职者勤奋进取的意志品质。

(3)生产实习。

在校期间的生产实习是在校学习向职业工作的良好过渡,此项内容必不可少。如果实习经历很丰富,可以列出与专业相关度最大或是实习企业较为知名的经历。

工作实践经历的书写内容一般包括:职务、职责及业绩。其中,工作中取得的成绩尽量数字量化表达,让人对你的真实经历有直观的了解,避免使用许多、大量、一些、几个这样模糊的词语。如果只做过一件事,那就尽量写详细一些,如领导过多少人,完成了什么事,发挥了什么作用。如果做了较多的事,一件写一行简单说明即可。

6. 获奖情况

在简历中还应列举出在校期间获得的荣誉,包括各级各类奖学金、技能大赛、创新创业大赛及其他荣誉称号等,这些都是大学生活中的亮点。奖项要依照顺序排列,通常情况下按时间倒序的形式,也可以按奖项的级别从大到小的顺序排列。

7. 技能和品质

目前,许多招聘单位对求职者的专业技能和工作态度有特别的要求,而且这种现象越来越普遍。如果求职者曾经取得一些与求职目标相关的工作技能和工作业绩,是如何克服困难完成的,应在求职简历中体现出来。

8. 兴趣与爱好

人们的兴趣与爱好可能有很多,但体现在简历中就不需要面面俱到,挑选那些对求职有帮助的,选择与求职目标有最大关系的两至三项即可。如果没有合适的兴趣爱好也可不写,或者自身的性格特点很适合所求职的岗位,可用描述性格特点代替兴趣爱好的内容。

9. 自我鉴定

自我鉴定,一般是客观概括自己的突出优势、工作态度或座右铭等,应言简意赅,力求达到总结升华的效果。

10.1.4 简历的编写技巧

任何事情都不是没有技巧和规律的,编写简历看似简单,但如果不注意其中的技巧,就难以取得好的求职效果。

1. 突出重点,结构分明

招聘人员每天要接收大量的简历,对于每一份简历的阅读时间十分有限。如果简历中与求职岗位无关的信息太多,将严重影响招聘人员对重要信息的抓取,一般一页简历就能够将各方面信息介绍清楚,因此要突出重点,针对不同岗位的要求展现自身优势及能力。

通常情况下,简历的逻辑顺序是个人信息→求职意向→教育背景→工作实践→获奖情况→自我鉴定。但有的求职者却将顺序做了重大调整,影响了招聘人员的阅读习惯,这样做最终只会弄巧成拙。

2. 特殊标记,吸引目光

对于简历中一些需要引起注意的关键词或者某些重要事项,可以采用加粗、倾斜、添加下划线等方式进行突出处理,以便引起足够重视。当然,此特殊标记不是越多越好,整个简历三至四处即可。

3. 语言朴实,表达客观

简历的措辞一定要朴实,不要使用过于华丽夸张的词汇,要以一种客观的方式表达求职者的经历和能力,使招聘人员通过简历看到一个真实的求职者。

4. 消除错字,预防歧义

由于目前简历大多是电脑打字生成的,因此很容易出现错别字。对于这种书写上出现的错误是一定要避免的,这样不仅会影响招聘人员的阅读情绪,还会对求职者的印象大打折扣。求职者在投递简历前,最好请老师或同学帮忙查看,避免产生不必要的麻烦。

> **课堂训练**
>
> 请同学们结合你目前的情况,制作一份简历。要求内容完整,格式自行设定。

10.2 笔试

针对某些特殊岗位的用人要求,笔试是一项必须且重要的考核形式。笔试通常是筛选求职简历后,对求职者的进一步考核。通过笔试考核,可以帮助用人单位在短时间内快速了解求职者的基本情况,掌握求职者多方面的能力信息。

10.2.1 笔试准备

笔试应用于大规模的员工招聘中,限于一些专业技术要求很强和对录用人员素质要求很高的单位,如一些涉外部门、技术要求高的企事业单位。

对于求职者而言,只有掌握笔试的相关知识和技巧,才可以从容应对。通常情况下,笔试的准备应注意以下内容。

1. 平时勤积累

笔试不是一蹴而就的考试过程,而是需要对知识长期的积累。良好的笔试成绩不仅来自于大学期间的勤奋学习,还包括课外知识的积累,以及对社会时事和动态的了解。

2. 考前多复习

笔试前,针对笔试内容的复习是非常有必要的。目前,大多数考试都会提前给出相应的考试范围,求职者可以围绕这个范围有针对性地进行复习准备,以便能在笔试中灵活运用掌握的知识解决各类问题。

3. 保持好心态

从某种程度上讲，良好的心理素质对于笔试的成功是有极大促进作用的。这就要求求职者在考前放松心态，树立信心；考试当天不紧张，不怯场，以平常心从容应对考试。

笔试是用人单位检验求职者的重要环节，求职者只有对笔试充分准备，胸有成竹，才能取得好成绩。笔试的成绩将直接影响求职者是否有资格进行下一步面试。

10.2.2　笔试的类型

笔试的目的是通过试卷检验求职者的专业知识水平、综合素质以及语言组织能力等。目前根据考核的要求和内容不同，可以将笔试分为专业知识考核、职业能力测试、心理测试和公文写作四种类型。

1. 专业知识考核

专业知识考核主要是检验求职者专业知识的掌握程度及应用能力。通常情况下，招聘单位可以通过求职者提供的成绩单大致了解其专业知识水平，但一些特殊的行业对专业性要求较高，因此需要通过笔试进一步了解求职者的专业水平。例如，汽车营销服务行业要考核汽车营销专业知识；公检法机关录用人员要考核法律知识；外贸企业要考核外语能力水平。

2. 职业能力测试

职业能力测试主要考核求职者处理实际问题的能力，检验其对知识掌握程度和智力运用能力。

3. 心理测试

近几年，各类企业对求职者的心理健康问题关注度有所提升，因此一些企业在招聘时会在笔试环节对求职者进行心理测试，心理测试通常采用问卷的形式。通过心理测试，用人单位不仅可以了解求职者的兴趣爱好、求职动机、智力水平、个性能力等心理素质，而且可以考察求职者的思维反应、心理健康程度、综合分析能力等。

4. 公文写作

对求职者的文字表达及分析归纳能力有要求的企业会在笔试时以公文写作

的形式考核。比如,要求求职者通过对设定资料的阅读,回答有关问题;限时写一份观点论述;写一份会议通知、请示报告或某项工作总结等。

10.2.3 笔试的技巧

求职者在进行笔试时如果注意使用一些技巧,不仅可以提高笔试的考核成绩,而且能消除紧张情绪,增强自信心,取得理想的好成绩。

1. 保持稳定的心态

求职者要客观冷静地对自己进行正确评估,相信自己的实力,克服自卑心理,增强自信心。有时稳定的心态就意味着已经取得了一半成功的机会。

2. 掌握科学的答卷方法

求职者在拿到试卷后,要先通览一遍,对试卷有一个总体的了解,以便掌握答题进度,合理规划答题时间;然后先解答简单的题,最后再答难题,答题要掌握好主次之分。

3. 特殊情况特殊处理

求职者在答题过程中,遇到特殊的试题千万不要慌张,不要就此放弃进而失去信心,应该相信大家的水平都很相近,只要认真分析作答就一定可以解决。从这个意义上来讲,笔试考核的是你的综合素质。

4. 注意字迹、卷面和考场纪律

求职者一定要注意按规定的时间到场,不能迟到。答题要注意字迹工整,卷面整洁,因为有些用人单位并不特别在意应试者的考分稍许高低,而对应试者的认真态度、细致的作风、新颖的观点更为注意。考试绝对不能作弊或搞小动作,毕竟做人诚实守信也是用人单位尤为关注的。

 ## 10.3 面试

求职者在通过笔试考核后,接下来就要进行招聘单位的面试考核。面试环节是求职者能够得到一份工作的关键,所以在短时间内获得面试官认可是至关重要的。

10.3.1 面试的步骤

1. 准备工作

面试前一天,要注意饮食卫生,晚上打点好第二天面试需要的装备,晚上早点休息,第二天早上不要迟到。

面试也要注意一些细节,例如如果是夏天,衣服要有领有袖,不要穿短裤和拖鞋。头发要整齐,皮鞋要干净整洁。女生可以适当化些淡妆,给人干净清爽的感觉。如果面试被安排在下午,午饭尽量要少吃一些,以免影响状态,最好提前10分钟到达面试地点,进门前将手机调至静音模式。

2. 等候面试

面试前如果需要等一段时间,公司接待人员会让求职者在指定地方坐等,求职者可以利用这段时间观察一下公司的情况,或看看公司的宣传资料以便详细了解公司的实际经营状况。有时候求职者或许会得到一张问卷,填写关于个人技能、心理测试方面的问题。如果有期望薪资之类问题,最好填写"面议",这样有利于接下来进一步的薪资协商。

3. 进行面试

这一环节是面试过程中最为关键的。面试的形式有很多种,有的面试可能会需要进行好几轮,通常面试过程中,求职者可能会单独面对两个或两个以上的面试官,也可能与其他应试者在同一个房间内一起面试。当然不同的情况求职者需要有不同的应对策略,但无论何种情况下都不要慌张。

如果是多人一起参与面试,求职者一定要大胆地表现自己,不要害怕开口,通常情况下第一轮淘汰的多数是不善于表达的面试者,面试官更看重求职者的综合素质,而只有通过表达才能够增加面试官对求职者的了解。

多数情况下,求职者会得到一个单独面试的机会,这才是面试的决定性过程,有时会是几个部门的负责人一起参与面试,有时却仅有一个面试官。先出场的一般会是这个职位所在部门的负责人,他们的目的是通过提问来考核求职者是否有能力和诚意担任应聘的岗位。大多数求职者如果事先准备充分,对于面试中的提问是可以自如应对的,即便遇到一些新问题,也可以举一反三将问题解决。求职者要始终保持自然诚恳的态度,认真倾听面试官的提问,判断面试官提问的目的,以便做出简明清晰的回答。

面试官在提问结束时,可能会询问求职者还有什么问题,通常情况下,不要回答没有问题,但也不要泛泛而问,求职者可以询问公司运作状况,或者所申请职位的具体工作内容等,以此表现求职者对公司有一定兴趣和诚意。最后如果有可能请面试官留下联系电话或名片以备日后联系之需。

4. 询问结果

通常情况下求职者会在一周内得到面试公司的回复,但没有得到答复也是常有的事,求职者也可以在面试结束后一周内,给面试官打电话表示感谢,询问面试结果,并简短地表达期待得到这份工作机会的愿望。

10.3.2 面试的技巧

面试虽然只是简单短暂的交流,但如果掌握技巧,在几分钟甚至十几分钟的过程中就可以使面试取得较好的效果。

1. 按时赴约,不要迟到

任何用人单位都希望招聘到的员工遵纪守时,因此面试时一定要在规定的时间到达指定地点,最好提前 10 分钟到达,这样既不失礼貌,又可以稳定情绪,稍作准备,避免仓促上阵。

2. 敲门进入面试室

面试时,应先在面试室外轻轻敲门,得到允许后方可进入。进门后要随手关门,并且面向面试官鞠躬问好,走到面试位置前待允许后道谢坐下。

3. 主动与面试官打招呼

进入面试室后可对面试官微笑点头,也可以进行问候,要有礼貌地告诉面试官自己的基本情况:姓名、年龄、受教育程度、毕业院校、所学专业、特长、实践经历等。要做到举止大方、态度诚恳,保持自然的风格,不要刻意做作。

4. 微笑待人

微笑能拉近人与人的距离,因此适当微笑可以表达出友好和礼貌的态度。面试过程中求职者的微笑也可以缓解紧张气氛,使双方的心理距离迅速拉近,增加面试的成功率。

5. 简明扼要回答问题

面试时,求职者要注意聆听和理解面试官提出的每一个问题,力求给对方以诚恳、自信、踏实的良好印象。回答问题时勿以"我"为中心,不要有过于"自我"的表现。观点不同时,语气要平和,可发表不同观点,但切忌争论。语言表达要简明清晰,抓住关键点,避免重复、拖沓、偏离主题。

6. 以适宜的方式询问薪资问题

可委婉地询问,贵公司的薪资制度与其他公司有何不同?当被询问薪资要求时,可以给出薪资范围,让自己的要求有弹性。也可以不拘泥于问题本身,强调更看重工作本身,希望在公司内实现价值。

7. 面试表示感谢

面试结束后,要首先感谢公司及面试官给自己这样宝贵的机会,然后随手将椅子放回原处,关门前鞠躬,再次表示感谢,随手关门。

10.3.3 面试禁忌

1. 以自己为中心

求职者在面试中的表述应简明扼要,适可而止,不要夸夸其谈,不要有傲慢和自夸情绪,例如有一句求职语"如果你给我一个空间,我会为公司创造无限的价值回报",这样华而不实的口号未必会收到好的效果。求职者也不要做太多的口头承诺,脚踏实地、谦虚务实的求职者更容易得到用人单位的青睐。

2. 抢话争辩

有的求职者为了获得面试官的好感,会试图通过语言的"攻势"来"征服"对方。在面试时根本不注意面试官究竟关注什么,就迫不及待地表现自己,卖弄口才,力图在话语上占上风,在事理上征服对方。主要表现在抢话、插话、争辩等方面。

赢得一场争辩而失去一份好的工作,可谓是"因小失大"。面试的目标不是在谈话中取胜,也不是去开辩论会,而是要得到理想工作。如果你在谈话中过于和面试官"较真儿",使得主考官对你很伤脑筋,认为你"根本不是来找工作的,而是故意来找碴儿的",可想而知,事情的结果将会多么糟糕。

3. 反应木讷

沉默是金,但在求职面试场合,这个说法不适用。面试官提出一些很关键的问题时,如果你也"惜言如金",那你还面什么试呢?如果反应木讷、迟钝,甚至一问三不知,给面试官留下的印象会是:一是面试前没有做好准备,二是求职者可能是一个没有目标、做事不专注的人。那么你的求职面试就难以顺利进行下去。

4. 好为人师

在主考官眼里,让求职者谈想法、提建议本身就是一把"双刃剑",一方面考察你的思维,一方面也为你挖了一个陷阱,它会立马使你变成"好为人师""好耍嘴皮子"的人。所以,在面试中,最忌讳提些带忠告性质的建议。不管你的建议多么中肯、多么优秀,最好留着,到录用后再说,不要在求职时急于卖弄。

课堂训练

本单元主要介绍了大学生就业前如何准备求职简历才能获得招聘单位的青睐,以及在招聘单位的笔试和面试中应该掌握哪些技巧和注意事项才可以在众多求职者中脱颖而出。

(一)下面提供了一份大学毕业生的求职简历,仔细阅读并分析这份简历所写内容是否恰当,并说明原因。

个人简历

姓名	李菲	性别		女	
年龄	23岁	民族		汉族	照片
健康状况	良好	政治面貌		中共党员	
学历	大专	专业		电子商务技术	
毕业院校	××职业学院	籍贯		黑龙江省伊春市	
联系电话	139××××××××	E-mail		Lifei23@163.com	
联系地址	黑龙江省哈尔滨市××区××路1号				
兴趣爱好	篮球、绘画、唱歌;擅长文学创作				
求职意向	网店运营、活动策划、市场调研、行政专员等方面工作				
主修课程	电子商务概论、大学英语、电商运营与实操、PHOTOSHOP、摄影、应用文写作				
个人技能	大学期间经营女装网店,网店经营火爆,收益高				
计算机水平	熟练使用计算机并自学掌握了图像处理软件				
荣誉证书	大学英语四级、省级三好学生、一等奖学金、驾驶证、"互联网+"大学生创新创业大赛省级银奖				

社会实践：

  2020年7月,××公司 网店客服 2个月

  2020年10月,××超市 短期促销员 10天

  2021年1月,××传媒公司 运营专业 3个月

自我评价：

  优点:活泼外向、积极乐观、抗压能力强、勤奋好学、做事情踏实肯干、认真负责、有责任心、吃苦耐劳、勇于迎接挑战。有较强的组织能力和人际交往能力,语言表达能力强、文笔流畅、有较强的团队协作意识。

  缺点:性格急。

小结：

  我认为我是一个有责任心、有理想的青年,对自己所要追求的理想,一刻都未曾停止,如果给我一个舞台我将会展现最美的"舞姿"。希望凭借我的实力,可以成为贵企业的一分子。我将运用我的理论知识,为公司创造更大的价值。

提示：

  1.求职意向过于宽泛,指向性不明确。

  2.对于一些成绩,如网店经营、计算机操作、社会实践经历,提供具体数据会更有说服力。

  3.优点和缺点内容相差大,列举了大量优点,但对于缺点却一句带过。

  4.小结用词过于主观,给用人单位留下自满的不良印象。

  请结合以上提示,对简历中存在的问题加以修改,使这份简历更为完善。

  (二)求职者在面试过程中如果能够初步了解招聘者可能提出的问题,包括提出每一个问题的意图及回答思路,这样就可以从容应对面试官,在面试中一举取得理想的成绩。下面列举了一些用人单位常会提出的问题,同学们可以依据回答思路试着写出自己的答案。

1."请你进行一个简短的自我介绍。"

问题分析:这个问题几乎所有的面试都会遇到,面试官通过求职者的回答会对求职者做出初步判断,包括语言表达、逻辑思维以及与工作岗位的匹配程度等。

回答思路:(1)介绍内容要与简历中一致,可以适当补充说明;(2)直奔主题,不谈与自我介绍无关、无用的内容;(3)层次分明、条理清晰;(4)表达要自然口语化,不要死记硬背。

你的回答:

2."你有什么兴趣爱好?"

问题分析:面试官希望通过求职者的回答,了解他的兴趣、性格、心理状态。

回答思路:(1)不要直言自己没有兴趣爱好;(2)兴趣爱好宜积极、健康、向上;(3)不要仅限于上网、读书、唱歌等通俗的爱好;(4)如果可以尽量提及一些户外运动或是与众不同的兴趣爱好。

你的回答:

3."在学校里你和同学们相处如何?"

问题分析:此问题回答能反映出求职者的性格特点、沟通和人际交往能力、团队合作意识。

回答思路:(1)朋友少,不喜欢与人接触的回答一定是对面试结果不利的;(2)要强调自己的性格特点;(3)外向型的求职者可以展开陈述;内向型求职者可以选择能突出自己优势的方面回答。

你的回答:

4."谈谈你的优点和缺点。"

问题分析:面试官通过求职者的回答判断他的喜好、性格、自我判断力以及与工作岗位的匹配程度。

回答思路:(1)不要说没有缺点或优点;(2)不要把明显的优点说成缺

点;(3)不要说与工作岗位相悖的缺点;(4)不要说令人不舒服、不愉快的缺点;(5)在介绍缺点时,最好能够列举通过自身努力消除或避免缺点的事例,对表达自己的意志品质更为有益。

你的回答:

5."5年内你的职业规划是什么?"

问题分析:面试官通过求职者的回答考察他的个人规划是否与应聘的岗位相符,以及未来他在公司能够持续工作的时间。

回答思路:(1)实事求是回答,不要为了得到工作而违背自己的职业理想;(2)不要说没有规划;(3)如果有一定的规划,可根据公司和应聘的职位发展情况适当调整。

你的回答:

6."谈谈你对于加班的看法。"

问题分析:面试官通过求职者的回答考察他是否愿意为自己的事业做出贡献。

回答思路:(1)如果是工作需要,可以义不容辞加班;(2)尽量在工作时间提高工作效率,减少不必要的加班;(3)站在公司角度讲,加班对于公司其实也是一项成本支出。

你的回答:

7."请谈谈你的一次失败经历。"

问题分析:面试官通过求职者的回答考察他面对挫折的态度。

回答思路:(1)不要说没有失败经历;(2)不要把成功经历说成是失败经历;(3)不要说出与所应聘岗位相关的失败经历;(4)可以说出导致失败的客观原因;(5)最后要说出通过这次失败自己的反思和总结。

你的回答:

8."你为什么要选择我们公司?"

问题分析:这个问题也是面试官会经常提出的问题,面试官通过这个问题考察求职者的求职动机、工作期望以及对公司的了解程度。

回答思路:(1)可以从行业、公司和求职岗位3个方面来回答;(2)如果提前对公司做足功课,可以说公司的长远发展和优势。

你的回答:

9."假如你被录用了,你将如何开展工作?"

问题分析:通过这个问题考察求职者对应聘岗位的认识和工作愿景。

回答思路:(1)从岗位职责出发,谈谈这个岗位需要从事哪些工作;(2)自己在工作态度、职业精神、团队合作、待人接物等方面应该怎么做;(3)最后再一次强调如果被录用将会非常珍惜这次工作机会。

你的回答:

10."你的期望薪金是多少?"

问题分析:面试官通过这个问题考察求职者的薪金预期与公司能够给出薪金的差别,从而判断他的自我认知能力。

回答思路:(1)不要将期望薪金定得过高或过低;(2)可参考行业初入职人员的薪资水平;(3)表达自己刚刚大学毕业,缺失社会实践经验,但参加工作后也不希望再向父母要钱;(4)要表达不会看重薪水的高低,更在乎能有一个进入贵公司工作机会的愿望。

你的回答:

单元 11
就业流程与权益保护

案例导入

毕业生张某在寒假参加A市的毕业生供需见面洽谈会,当时有一家国有企业在会场招聘应届毕业生,张某觉得单位处在沿海开放城市,工作环境、工资待遇、发展前景等方面都很有吸引力,而自己也比较符合单位的招聘条件,经过初试和复试,张某与单位正式签订了就业协议,张某回想起这段经历,脸上还不时浮现出自信的笑容,能在大学生就业形势如此严峻的情况下找到这么中意的工作,自己已经非常幸运了。

不久之后,张某却愁容满面地回到学校,向负责就业指导工作的老师咨询毕业生解约的相关问题。老师问他:"张某,你签的单位在你的班里算是很好的了,怎么还没有报到就要和单位解除协议呢?是不是和单位之间有什么不愉快?"张某说:"其实,我和单位之间并没有出现什么不愉快,彼此都挺满意的,只是刚接到了单位人力资源部打来的电话,说由于在招聘时没有注意到市人事局关于接收应届高校毕业生的通知中对本年度毕业生引进的相关规定,参照我个人的条件,单位无法为我办理人事关系接收手续。"张某接着向老师详细说明了情况:张某在寒假期间和单位签订就业协议时,双方都没有注意到市人事局关于人才引进的相关政策,当单位到A市人事局准备为张某办理人事关系接收手续时才发现张某不符合接收条件,原因是A市人事局出台了新的接收高校应届毕业生的政策。新政策规定,外地生源应届高校毕业生到A市工作,需要毕业证、学位证、计算机等级证书"三证"齐全才能办理接收手续。张某目前还没有考取计算机等级证书,又是外地生源,所以A市人事局无法为张某办理人事关系接收审批手续。他只好与原单位解除就业协议,重新寻找工作。前几天,张某向大学生就业指导中心提交了省外就业协议书,他已经和深圳的一家企业签订了就业协议,而且已经完成了人事关系转接的审批手续。

请思考:

通过张某一波三折的就业经历,你认为在就业流程方面怎样才能少走弯路?

11.1 就业流程

11.1.1 了解就业基本常识

1. 就业协议书

就业协议书是明确毕业生、用人单位和学校在毕业生就业工作中的管理和义务的书面表现形式。一般由教育部或各省、自治区、直辖市就业主管部门统一印制,一式四份,用人单位填好盖章后再由学校就业办盖章并生效,四份协议书:学校一份(作为就业方案依据)、单位一份、省教育厅一份(派遣依据)和学生本人一份。

2. 就业报到证

"就业报到证"全称是"全国普通高等学校本专科毕业生就业报到证"或"全国毕业研究生就业报到证",一式两联,分别是"就业报到证"和"就业通知书"(一般装入学生档案中)。"就业报到证"由教育部统一印制、省级高校毕业生就业主管部门签发,是列入国家就业方案的毕业生才能有的有效证件,"就业报到证"是就业管理部门派遣毕业生的唯一依据。根据用人单位返回的就业协议书,学校就业指导部门统一打印"就业报到证"。经省级就业工作指导部门审核批准验印后由校就业指导部门发放到各院系,再发给毕业生本人。其主要作用有:是教育主管部门正式派遣毕业生的凭证;是毕业生到用人单位报到的凭证;是用人单位接收毕业生的重要证明;是任何一个合法的人才中心、档案管理机构接收毕业生档案的证明;是用人单位给毕业生落户、接管档案的重要凭证;是毕业生的干部身份证明。

3. 户籍关系、档案的转寄

户籍关系由学校户籍管理部门根据就业方案统一办理转迁证明,并发放给毕业生本人。学生离校后持"就业报到证"、户籍关系到单位报到后,持"户口迁移证""就业报到证"及工作单位证明到辖区公安部门办理户籍迁移手续。档案在毕业生离校后由学校统一寄(送)到用人单位或当地人力资源和社会保障局。

4. 派遣与报到

报到所需材料:需要准备"就业报到证"、毕业证、学位证、身份证、党(团)关系、证件照片。"就业报到证"是毕业生到单位报到的重要凭证,千万不要丢失,一定要妥善保管。一旦丢失"就业报到证",将无法办理报到手续。

按规定时间报到:毕业生要按"就业报到证"上规定的时间到用人单位或人才交流服务中心报到。学生持"就业报到证"到工作单位报到的那一刻起,就正式走入社会了。

11.1.2 就业基本流程

(1)毕业生和用人单位双向选择。

(2)毕业生和用人单位达成录取意向。

(3)领取就业协议书。

(4)与用人单位签订就业协议。

(5)单位盖章,毕业生签字。

(6)办理报到证。

(7)办理转档手续。

(8)办理离校手续,在规定时间内去用人单位报到。

11.1.3 就业过程注意事项

(1)毕业生资格审查的目的是确认和核实每一位毕业生的入学资格,审查合格后才能取得毕业资格。毕业生资格审查的主要内容是毕业生姓名、专业、学制、培养方式、生源地等,所审查的内容以学信网和省级招生部门招生底册上的内容为准。如有不一致之处,须出具相关手续。如改名手续,须出具市区级公安部门的改名手续;生源地变迁,须出具户籍变动手续(由现住址所在地的派出所出具户口迁移证明信);降级、休学、转系、转专业等,须出具学籍变动手续(由学生处、教务处签字盖章的手续)。

(2)报到证目前仍在中国人事管理体制中扮演着重要而角色,因此,毕业生们应注意保管好自己的报到证,不要丢失。毕业生如不慎遗失报到证,须及时向原毕业院校报告遗失过程,由学校报请省就业指导中心核准后予以补办。报到证只能一人一份,由其他部门印制或签发的报到证无效。凡自行涂改、撕毁的报到证一律作废。

(3)协议书必须填写清晰,单位名称必须与单位公章一致,不要简写、误写或写别名,复印、自制协议书无效,姓名栏涂改无效,就业协议在毕业生签字、用人单位盖章后经学院就业办盖章即可生效,并此纳入就业方案。就业协议书是最后派遣的唯一依据,所以要仔细阅读上面的条款及说明,并核对自己的名字、专业是否有误,同时更要妥善保管。

(4)学生在毕业后一年内可办理改派手续。其程序为:原单位出具退函,新单位出具接收函,原来的"就业报到证"及"就业通知书"登录黑龙江省大学生就业创业服务平台,上传有关材料原件,经学院就业主管部门审核通过后上报省级就业管理部门。最后由省级就业工作管理部门打印新的"就业报到证",逾期不再办理。

课堂训练

别让找工作陷入困难的境地

小高是某高校的应届毕业生,通过校园招聘会,被 B 公司录用并签订了《全国普通高等学校毕业生就业协议书》,B 公司以及当地人事部门在协议书上盖章后寄到学校,学校就业办公室也在协议书上盖章同意。

此后,不断有用人单位到学校来招聘,小高也不断地参加校园招聘会。后来他又被 C 公司看中,并打算录用他。经再三衡量,小高觉得 C 公司规模和名气都比 B 公司大,对自己的发展更有利,于是他又选择了 C 公司,并开始在 C 公司见习。

毕业后，小高没有在规定的时间到 B 公司报到，也没有任何音信。B 公司经询问得知小高同学已经到另外一家公司上班去了。于是，B 公司正式致函小高，请其履行所签的《全国普通高等学校毕业生就业协议书》，否则，将通过法律途径解决问题。在始终没有得到明确答复的情况下，B 公司向法院提起诉讼，状告小高违约，要求其赔偿。法院开庭审理了此案，认为原、被告之间自愿签订的《全国普通高等学校毕业生就业协议》，是双方当事人真实意图的反映，双方都应履行协议。被告的行为违反了《合同法》，应承担违约责任。

而与此同时，C 公司要求与小高签订学校统一发放的《全国普通高等学校毕业生就业协议书》，并根据此协议签订正式的劳动合同，办理转档和户籍等相关手续。可是此时小高却无能为力，因为唯一的一份《全国普通高等学校毕业生就业协议书》已经和 B 公司签了。C 公司因此无法与小高签订正式的劳动合同。

思考并回答：
小高本来是想谋求一份更好的工作，为什么会陷入了进退两难的困境？

 ## 11.2　就业协议与劳动合同

11.2.1　就业协议

1. 就业协议的概念

就业协议是明确毕业生、用人单位和学校在毕业生就业工作中权利和义务的书面表现形式，是毕业生与用人单位确定劳动关系的标志和法律依据。就业协议一般由教育部或各省、自治区、直辖市就业主管部门统一制表。就业协议的作用主要有以下三点：

第一，作为毕业生落实就业单位，用人单位同意接收毕业生就业，双方确立劳动关系的主要依据。

第二，作为毕业生就业主管部门及其所在学校编制就业计划、制订就业方案、管理大学毕业生就业的主要依据。

第三,作为毕业生和用人单位承担相同法律责任的法律依据,以保证协议的严肃性,防止用人单位和毕业生在双向选择中的随意性,避免就业市场的混乱。

2. 就业协议的内容

教育部统一制定的《全国普通高等学校毕业生就业协议书》,其主要内容一般由规定条款、签署意见与盖章、备注三部分组成,具体包括以下几个方面。

第一,作为毕业生,应按国家法规就业,向用人单位如实介绍自己的情况,了解用人单位的使用意图,表明自己的就业意见,在规定的时间内到用人单位报到,若遇到特殊情况不能按时报到,需征得用人单位同意。

第二,作为用人单位,要如实介绍本单位的情况,明确对毕业生的要求及使用意图,做好各项接收工作。

第三,作为学校,要如实向用人单位介绍毕业生的情况,做好推荐工作,用人单位同意录用后,经学校审核列入就业建议计划,报主管部门批准,学校负责办理派遣手续。

第四,各方应严格履行协议,任何一方若违反协议,应承担违约责任。

第五,其他补充协议。

《全国普通高等学校毕业生就业协议书》的内容格式一般如下表所示。

全国普通高等学校毕业生就业协议书

毕业生基本情况及意见	姓　　名		性　别		民　族		政治面貌	
	培养方式		学　历		学　制		毕业时间	
	专　　业				身份证号			
	生源地				联系方式		／	
	家庭地址				QQ 或邮箱			
	特长及其他							
	毕业生签字:　　　　　　　　年　月　日							

续表

	项目					
用人单位情况及意见	单位名称				单位性质代码	
	联系人		联系电话		邮政编码	
	组织机构代码		单位行业代码		工作职位类别代码	
	通信地址			户口迁移地址		
	组织关系接收单位					
	档案转寄详细地址（如无具体约定请填写"无"）					
	用人单位意见： 签章 年 月 日			主管部门意见： 签章 年 月 日		
学校意见	学校联系人		联系电话		邮政编码	
	协议书邮寄地址					
	院（系、所）意见： 签章 年 月 日			学校毕业生就业主管部门意见： 签章 年 月 日		

3. 就业协议的签订

（1）就业协议签订的基本原则。

毕业生与用人单位达成一致意见之后，须签订《全国普通高等学校毕业生就业协议书》。签订该协议书应遵守以下基本原则。

① 平等公正原则。

签约各方当事人在法律资格上或者在民事权利能力上是平等的，签约过程和协议内容都应当是公正的，不可有任何偏袒、强迫，更不允许威胁。

② 双向选择、协商一致的原则。

当事人依法具有自由决定是否签订就业协议、与谁签订就业协议的权利。协议内容特剂是要害项目，一定要经过协商，双方一致同意方可。

③ 合法合理性原则。

签订就业协议的主体必须合法。主体合法主要是指求职择业者必须具有就业资格，即必须是毕业生或结业生，并具有民事能力；用人单位必须具有民事能力，具有录用毕业生的权利以及计划。就业协议的内容必须合法，即所签订的协议必须符合国家的法律法规，符合国家的就业方针政策和各级政府的规定。同时也要符合社会道德规范要求，做到合情合理。

④ 诚信原则。

主要是指当事人各方都要客观、如实地介绍各自的情况，不得用欺诈隐瞒、弄虚作假、故意粉饰等手段骗取对方的信任和允诺，同时必须遵守信用，认真地履行协议规定的权利和义务。

（2）签订就业协议的步骤和程序。

① 签订就业协议的步骤。

就业协议的订立一般要经历两个步骤，即要约和承诺。

a. 要约。

毕业生持学校印制的就业推荐表参加各地各行业举办的供需洽谈会，即进入人才市场，向用人单位表达求职意向，或给用人单位寄发自我介绍、有意就职的书面材料，这些实际上就是要约邀请。用人单位收到毕业生的材料，对毕业生进行多方面考察，经过选择决断，同意接收后，将同意回执寄给高校毕业生就业工作部门或毕业生本人，这样就完成了要约的环节。

b. 承诺。

毕业生收到多家用人单位的同意回执或通过其他方式得到多家用人单位的同意答复后,从中做出进一步的选择和决断并最终确定一家用人单位,与此同时到学校毕业生就业工作部门领取就业协议书,同用人单位签订就业协议,这就是承诺。

②签订就业协议的程序。

要约与承诺环节的完成为就业协议的签订准备好了前提条件,接下来就应该是就业协议签订了。一般来说,签订就业协议要经过如下程序。

a. 毕业生到学校就业工作部门领取统一制式的就业协议书,一般为一式四份。

b. 毕业生和用人单位在就业协议多方面的内容上达成一致后,双方在就业协议书上签字盖章。

c. 无独立人事权的用人单位需报请上级主管部门在就业协议书上签字盖章。

d. 毕业生所属院系审核就业协议,并签字盖章。

e. 毕业生所属学校审核就业协议,并签字盖章。

就业协议签订完成后,毕业生、用人单位和学校各执一份,第四份交由本省大中专毕业生就业指导中心鉴证并存档。

(3)签订就业协议应注意的问题。

签订就业协议是一项比较烦琐、具体,又关系到当事各方利害的事情。因此,要求毕业生、用人单位和学校三方都要耐心、细致和慎重。近年来,毕业生与用人单位之间的就业争议呈上升趋势,不仅使毕业生和用人单位的利益受到损害,同时也给学校和就业主管部门增加了工作压力。作为毕业生,在签订就业协议时特别要注意以下问题。

①要认真学习国家及相关省、自治区、直辖市的就业政策和规定,充分利用对大学毕业生就业有利的方面,规避可能带来的麻烦和损害。如教育部颁布的《普通高校毕业生就业工作暂行规定》以及各省、自治区、直辖市引进人才、录用毕业生的优惠政策和具体规定。

②要充分了解就业协议书的所有条款,深刻领会每一条款的准确含义。要向用人单位如实介绍自己的情况,表明自己的就业意见和希望。这不仅是用人单位妥善安排大学生具体工作岗位的重要因素,而且是用人单位对大学毕业生诚信状

况的一次考验,也是大学毕业生向用人单位以及社会应尽的义务,同时还能避免由此滋生的诸多不利。

③要注意弄清用人单位是否具备合法的主体资格。仔细了解用人单位的基本情况、发展前景、文化氛围、用人规定以及对毕业生的使用意图、希望和要求。

④在签订就业协议前,要尽量多地收集就业信息,以便选择最佳用人单位。一旦与一家用人单位履行了签约手续,千万不可再与第二家甚至更多家用人单位签订就业协议。

⑤要充分利用就业协议书备注栏的作用,将自己的合理要求,诸如工资福利待遇、住房条件、服务期限、升学或选干后的处理办法以及违约处理办法等明确写入其中。

⑥要严格按照学校规定的签约程序签订就业协议,对只口头答应接收毕业生就业但未有任何书面接收意见的用人单位应慎重对待。大学毕业生与用人单位签订就业协议后,一定要将其中一份协议交回学校,纳入学校的就业方案。

⑦要牢记就业协议书只有经各方面签字盖章后才能生效,防止出现这方面的遗漏。要明白就业协议一经生效,毕业生、用人单位、学校三方都应严格履行。任何一方提出变更协议要求都需征得另外两方同意。未经协商,任何一方都不得单方面终止和变更协议内容。

上述七条注意事项需要大学毕业生灵活掌握,细心运用,提高应变能力,做到具体问题具体对待,以维护自己的合法权益。

(4)无效就业协议。

无效就业协议是指欠缺就业协议的有效条件或者违反就业协议签订的原则,从而不产生法律效力的就业协议。无效就业协议自订立之日起,就没有法律约束力。无效就业协议产生的法律责任由造成就业协议无效的一方承担。具体情况如下。

①一方采取欺诈、胁迫等手段,或者乘人之危,使对方在违背真实意愿的情况下签订的就业协议无效。例如,有的用人单位未如实介绍本单位实际情况,根本无用人用工计划而与毕业生签订的就业协议;有的用人单位利用大学毕业生就业难的心理,威胁利诱他们从事损害国家、社会和他人利益的活动而与大学毕业生签订的就业协议等。

②用人单位免除自己的法律责任,排除大学毕业生权利的就业协议无效。例

如,有的用人单位凭借我国就业形势的长期严峻和其自身的用人用工优势,趁大学毕业生急于求职择业之机,只主张自己的权利,只强调大学毕业生的义务,而与大学毕业生签订的就业协议等。

③就业协议未经学校鉴证并登记,学校不予列入就业方案,也不予派遣。如有的就业协议经学校审查认为协议内容对毕业生显失公平,或违反法律、行政法规的强制性规定等,学校可以不予鉴证。这样的就业协议也就很难成立了。掌握无效就业协议的相关知识和情况,规避由此产生的法律责任风险,也是大学毕业生求职择业、签订就业协议要注意的重要问题。

4. 就业协议的解除

在大学毕业生就业求职的过程中,常有就业协议解除的情形出现,需要大学生们了解这方面的知识。

就业协议解除是指在生效的就业协议未履行或者未完全履行之前,当事人各方约定或当事人单方行使解除权取消协议关系,终止协议权利义务。就业协议的解除分为单方解除和三方解除。

(1)单方解除。

单方解除又分为两种情况,一种是单方擅自解除,另一种是单方依法或依协议解除。单方擅自解除协议属违约行为,解约方要对另外两方承担违约责任;单方依法或依协议解除,解除方无须对另外两方承担法律责任。

(2)三方解除。

就业协议的三方解除是指毕业生、用人单位、学校三方经协商一致,取消原先订立的协议,使协议不发生法律效力。此类解除因是三方当事人真实意思表示一致的体现,三方均不承担法律责任。需要指出的是,三方解除就业协议应在学校就业计划上报主管部门之前进行,如果就业派遣计划下达后三方解除就业协议,还须经主管部门批准办理调整改派。

5. 违约责任及毕业生违约的后果

就业协议书一经毕业生、用人单位、学校签署便具有了法律效力,任何一方擅自解除都得承担违约责任,并向权利受损方支付协议条款所规定的违约金。从实际情况来看,就业违约既有大学生违约,也有用人单位违约,但大学生违约居多,这是由我国就业市场的买方市场形式决定的。

毕业生违约，除本人应承担违约责任、支付违约金外，常常还会造成其他不良的后果，主要表现为以下三种。

（1）对用人单位造成的不利。

一旦毕业生因某种原因违约，势必使用人单位为录用毕业生所做的大量工作付诸东流，甚至影响其正常的生产经营活动，再加上毕业生就业工作时间相对比较集中，用人单位若重新招人，在时间上错过了良机，往往造成工作被动。

（2）对学校造成的不利。

一是影响学校与用人单位的长期合作关系，对学校的信誉和以后的毕业生就业工作不利。因为用人单位往往将毕业生违约行为同学校的管理不严、教育不力联系起来，而对学校的推荐工作表示怀疑，一旦毕业生违约，用人单位常常是几年内不到该学校挑选毕业生。二是影响学校就业计划方案的制订和上报，以及学校的正常派遣工作。

（3）对其他毕业生造成的不利。

一般来说用人单位到校挑选的毕业生数量是有限的，一旦与某毕业生签订就业协议，就不可能再录用其他毕业生。若该毕业生日后违约，其他当初希望到该用人单位工作的毕业生由于录用时间、某毕业生违约造成的连锁反应等原因，也无法补缺，从而影响其他毕业生就业。因此，毕业生在就业过程中一定要慎重选择，冷静定夺，做到严格履约，认真践约。

提示：

如果与用人单位签订了就业协议书后又觉得自己不适合这份工作，必须与原单位解除就业协议，并及时持证明回学校办理相关手续。找到新单位后，可到其所在地的省级就业指导部门办理改派手续，把自己的档案、户口等人事关系改派到新的用人单位。否则，档案、户口就会滞留在原单位，这会给以后的工作和生活带来很多不便。轻易不要行使解除权，更要避免承担违约责任的单方擅自解除。但这也不是绝对的，应本着"两利相权取其重，两害相权取其轻"的原则，正确行使就业协议解除权。

11.2.2 劳动合同

1. 劳动合同的概念

所谓合同,简而言之就是合意,即当事人之间表示一致的意思。合同也叫契约,是双方(或数方)当事人依法签订的有关权利义务的协议。劳动合同是合同的一种特殊类型,又叫"劳动协议"或"劳动契约"。我国《劳动法》第十六条规定:劳动合同是劳动者与用人单位确立劳动关系、明确双方权利和义务的协议。

2. 劳动合同的内容

作为一份完整的劳动合同,归纳起来,其主要内容由两部分组成:一是法律规定的必须包括的条款,称作必备条款;二是劳资双方自己约定的条款,称作约定自治条款。

对于劳动合同的必备条款,我国《劳动合同法》第十七条规定,劳动合同应当具有以下条款:

(1)劳动双方的基本信息。

劳动双方的基本信息包括用人单位的名称、住所和法定代表人或者主要负责人;劳动者的姓名、住址和居民身份证或者其他有效身份证件号码。

(2)劳动合同期限。

劳动合同期限是劳动合同中的重要条款,在签订劳动合同时,劳动者与用人单位协商确定劳动合同的期限。按照《劳动合同法》的规定,劳动合同期限分为三种,即固定期限、无固定期限和以完成一定工作任务为期限。

(3)工作内容和工作地点。

工作内容是指用人单位安排劳动者从事什么工作,包括劳动者从事的劳动岗位、工作性质、工作范围以及劳动生产任务所要达到的效果、质量指标等。工作地点是指劳动者在用人单位从事劳动合同所约定工作的地点。

(4)工作时间。

工作时间主要是指工时制度和加班加点制度。对于加班加点的条件、工资计发等劳动法律法规都有明确的硬性规定。目前我国主要采用三种工时制,即标准工时制度、不定时工时制度和综合计算工时制。

(5)休息休假。

带薪休假主要有法定节假日、年休假、探亲假、婚假、丧假。

其他假期主要包括事假、病假等,职工因私事请假期间的待遇,国家现行法律规范中没有具体规定,要看用人单位规章制度的规定。

(6)劳动报酬。

①工资是劳动报酬的最重要部分,因为其他社会保险费的缴纳都是以工资为基数确定的。

②工资是劳动者获得劳动报酬的主要组成部分,但不是全部,还应有不列入工资总额范围的由用人单位支付给劳动者的其他费用。

③法律规定劳动合同中约定的工资标准不得低于当地的最低工资标准。

④劳动合同中应当写明劳动报酬的具体数额或计算方法及支付日期,并明确该劳动报酬是税前还是税后等事项。

(7)社会保险。

按照国家规定,每个职工应该享受养老保险、医疗保险、失业保险、工伤保险,女职工还应享受生育保险,这五项就是通常说的社会保险。其中,前三种保险的保费由企业和个人共同缴纳,后两种保险的保费完全由企业承担。除了社会保险之外,还有住房公积金也是法定的,其费用由企业和个人共同缴纳。社会保险和住房公积金的缴费基数、缴费比率等均由法律或当地政府规定,劳动者需要了解相关的政策规定。

(8)劳动保护和劳动条件。

劳动保护和劳动条件是指在劳动合同中约定的用人单位对劳动者所从事的劳动必须提供的生产、工作条件和劳动安全卫生保护措施,包括劳动场所和设备、劳动安全卫生设施、劳动防护用品等。

(9)法律、法规规定应当纳入劳动合同的其他事项。

如《劳动法》中规定的劳动纪律条款以及《安全生产法》《职业病防治法》等规定的必需纳入劳动合同的事项。

3. 签订劳动合同时要注意的问题

(1)要了解必要的劳动法律知识。

劳动合同是劳动者维权的基本手段之一。如何签订一份能保证自己合法权益的劳动合同,哪些是劳动合同中的必备条款,对用人单位提出的哪些"不合理"甚至"霸王条款"可以说不,都需要劳动者了解相关法律知识后才能辨别。

(2)签订合法劳动合同。

劳动合同产生法律约束力的主要条件包括以下几个方面:首先,要确保劳动者和用人单位都具备签订劳动合同的主体条件;其次,要确保双方签订的劳动合同内容(权利与义务)符合法律、法规和劳动政策;最后,签订劳动合同的程序、形式必须合法,如经协商一致、签订劳动合同书、由劳动行政部门鉴证劳动合同等。

(3)及时签订劳动合同。

当劳动者已经为用人单位工作时,劳动者应当理直气壮地要求用人单位跟自己签订劳动合同,如果用人单位拒绝签订,可以向当地劳动保障监察部门投诉。对此,《劳动合同法》第八十二条规定:用人单位自用工之日起超过一个月不满一年未与劳动者订立书面劳动合同的,应当向劳动者每月支付二倍的工资。

(4)注重劳动合同的细节。

劳动者在与用人单位签订劳动合同时,要在把握大局的基础上,特别注意其中的细节。首先,对用人单位事先拟好的劳动合同,劳动者一定要仔细推敲,发现条款表述不清、概念模糊的,应及时要求用人单位进行说明并修订;其次,在签订劳动合同前,劳动者应尽可能地掌握用人单位拟制的与自己的工作岗位相关的岗位工作职责、岗位责任制、绩效考核制度、合同管理细则以及有关规章制度,因为这些文件中会涉及劳动者多方面的权利和义务;再次,劳动合同至少一式两份,劳动者和用人单位各执一份,劳动者要妥善保管,切不可由用人单位代管。

4. 求职陷阱与防范对策

求职路上充满了成功的机遇和希望,但也同样存在着的骗局与陷阱。所谓求职陷阱,是指部分组织和个人采用违规手段,以骗取求职人员的财物、个人信息或低廉、免费的人工劳动力等情况。教育部、人力资源和社会保障部多次发布求职陷阱提示,提出严厉打击招聘过程中的欺诈行为。大学毕业生求职过程中可能会遇到情况复杂,形式多样的求职陷阱,而且近年来呈上升趋势和更隐蔽的方式,作为求职者在面对可能遇到的问题时,需要具备识别和防范的能力,保障自身合法权益不受侵害。

11.3　求职陷阱与防范对策

11.3.1　常见的求职陷阱

1. 以高薪为诱饵，先收费，后入职

每一位求职者都希望能找到一份高薪的工作。因此，一些用人单位就以夸张、离谱的高薪作为吸引手段。

某些公司直接开出"欢迎新人入职，薪资1万元起"这样吸引人的高薪待遇。大学生求职者往往求职心切，会选择轻信，等到办理"入职手续"时，对方就会要求应聘者交"建档费""培训费""保证金""服装费""风险押金"等。

面对要求缴纳各种费用的情况，我们要明白，这些往往都是以高薪为幌子，一些公司企业或非法组织擅自向劳动者收取货币、实物等作为"入厂押金""风险金""保证金""培训费""集资款"，甚至指定某医院体检，收取体检费等。这些骗取收费的情况都是违法违规的，不要轻信刚入职场就会有非常高的薪资待遇。

有时这些用人单位还会制定十分苛刻的工作考核内容，诸如迟到、早退、病事假、工作失误等，每一项少则扣罚几十元，多则上百元。而到了年底兑现年终奖时又被提前解聘。然后老板继续用此办法招来新的求职者。辞退多少，再补充进来多少。

为此，人力资源和社会保障部先后发出文件，指出这种做法违反国家关于劳动关系当事人平等、自愿和协商一致建立劳动关系的规定，必须予以制止和纠正。对非法收取的货币和实物，应当责令用人单位立即退还劳动者。

2. 谨防名不符实招聘宣传

一些用人单位宣称，所招聘的员工基本100%都会转为正式员工留在公司工作，应聘者通过试用期后，便会获得较高的薪资和福利待遇。而实际上该公司大量招聘短期员工，且不签订劳动合同，待试用期满，以各种理由予以解雇，这是部分大学生的求职遭遇。

还有招聘单位的介绍名实不符。一些单位为了提高入职要求，或吸引高学历的应聘者,常常夸大招聘职务头衔,如某某项目经理、某某部门经理,或是美化单位形象,误导求职者。因此,毕业生们要认真解读招聘信息,结合公司资质考察和实地调研,在确保信息真实的情况下应聘签约。

3. 获取求职者作品和个人信息

剽窃求职者的作品,属于招聘中的智力陷阱,智力陷阱是指以录取考试为名无偿占有程序设计、广告设计、策划方案、文章翻译等劳动成果。现在招聘过程中的骗取"智力"很常见。这种堂而皇之地占有他人劳动成果的做法,隐蔽性更强,求职者要具备慧眼,小心防范。

同时,某些招聘单位,只"招"不"聘",把招聘会当作宣传公司和获取求职者个人信息的机会,要求求职者提供身份证、户口本等重要证件。有些单位收了求职者的简历后,便杳无音信了。在这里提醒我们毕业生,多参加政府和高校主管部门组织的毕业生就业洽谈会,其他机构举办就业招聘会必须得到主管部门的批准。毕业生们要有选择性地参加适合自身的人才招聘会。

4. 网络招聘中的广告陷阱

"云招聘"已经成为求职招聘的重要渠道,很多同学通过"云招聘"找到了心仪的工作。但在网络求职过程中,有些公司违规组织、委托专业人员制作精美的网页,或找出一个相对规范的企业网站模板填入自己编造的内容,或者干脆找一家公司做"样本",完全复制该公司的全部网页。然后,在全国各个主要的招聘网站或者高校网站上发布虚假招聘信息,通过冒充用人单位或中介单位收取大学生就业中介费,并获取学生求职简历,据此向用人企业收取招聘费、信息费,实施网络招聘诈骗。此类陷阱使用了一定的科技手段,识别起来有一定难度,毕业生要提高警惕加以防范。

5. 社会关系陷阱

由于就业压力大,大学生求职心切,而且社会阅历尚浅,认为通过正当渠道就业的概率小,更多地将求职就业的希望寄托在走后门、托关系上,这样就给了一些不法分子可乘之机。社会关系骗局与职业中介骗局不同的是,这类骗局的主体是以个人为名义的。一些所谓"社会能人"将自己说成是政府机构或知名企业的人,或是与这些就业渠道有关系,在相信"有了关系好办事"的人群中,这些说法是很有诱惑力的,这些人以帮你找到一份好工作但需要关系费与辛苦费为由获得钱财。当然，通过合适的关系找一份工作也是一种选择，但是一定不能盲目轻信他人。

11.3.2 避免陷阱的防范措施

面对以上种种招聘中存在的风险，如何做好应对防范，保护自身的合法权益，是新形势下高校毕业生应该具备的基本素质。

1. 了解国家关于毕业生就业的方针、政策

了解政策法规，才能做到有备无患。我们应全面掌握了解国家及所在省市地区关于毕业生的就业政策、规范以及它们之间的关系，熟悉毕业生在就业过程中的权利和义务，了解保障毕业生求职就业权益的部门有哪些？了解保护毕业生就业权利的法律法规有哪些？提高自己的法律意识，必要时要懂得用法律武器保护自己的合法权益。例如，三方协议签订后，用人单位无故要求解约，毕业生有权要求对方履行协议，否则用人单位应对毕业生承担违约责任。

与毕业生就业有关的法律、法规可分为四个层次。第一个层次是相关的法律，如《劳动法》和《劳动合同法》，它们具有绝对的权威性，在就业、劳动市场运作方面处于统领地位。第二个层次是教育部及有关部委关于毕业生就业的规范，如教育部颁布的《普通高等毕业生就业工作暂行规定》，该规定对全国高校、毕业生、用人单位具有普遍的约束力，是目前最为系统全面的就业规范。第三个层次是各地方就业主管部门关于就业的规范性文件。第四个层次是各高校关于毕业生就业的管理规定、实施办法、细则等。国家、社会为毕业生就业提供了诸多保障，毕业生也应该自觉遵循有关就业规范，接受其制约。

2. 正确认识自我，克服不良求职心理

毕业生在求职的过程中要时刻保持清醒的头脑，科学理性评估自己的能力，遇到高薪的用人单位，要清醒地认识到自己的能力与经验是否与高薪匹配，不可被高薪冲昏头脑。一般待遇越高，信息的真实性越要认真审视。

同时，要合理地设计自我并追求与社会相适应的自我价值，清楚自己的优势与劣势。对自己有一个全面、客观的评价。有清晰的自我认知和环境认知，才可以避免求职中的盲目性。

3. 全面解读招聘信息，规避求职陷阱

作为求职者，毕业生也应该全面解读招聘信息，核实招聘信息的合法性，确保自身权益不受侵害。

首先，对于拟好的劳动合同信息，有不清楚、概念模糊的地方，应及时要求用人单位进行说明；其次，在签订劳动合同前，应掌握自己拟签订的岗位工作情况、岗位责任制、绩效考核制度等，因为这些文件中会涉及劳动者多方面的权利和义务；再次，当劳动合同涉及数字时，应当使用大写汉字；最后，劳动合同至少一式二份，劳动者要妥善保管，切不可由用人单位代管。

4. 运用法律手段维护合法权益

毕业生应学会运用法律手段维护合法权益，大学生就业权益的法律保护主要有两类：一是作为一般劳动者享有的合法权益；二是作为大学生这一特殊群体享有的权益。例如，如果遇到用人单位发布虚假招聘信息，信息中所列的待遇、薪酬与实际情况严重不符的，求职者应向劳动部门反映，请求解决。若遇到用人单位或中介机构收取一定中介费用后搬迁消失的情况，如果是正规中介机构或有营业执照的用人单位，可向劳动部门投诉；如果是没有营业执照的用人单位，则可向所在地公安部门报案，由公安部门查实。

与用人企业签合同时，求职者要做到"三看"：一看企业是否经过工商部门登记以及注册的有效期限，否则所签合同无效；二看合同是否准确、清楚、完整，不能用缩写、替代或含糊的文字表达；三看劳动合同是否包括劳动合同期限、工作内容、社会保险等必备内容，而且必须签书面合同。

5. 注意招聘中的一些细节问题

（1）不购买公司以任何名义要求购买的有形、无形产品。

（2）不要轻信不知名的网站、媒体上刊登的招聘广告。

（3）不随意做任何允诺或签署任何不明文件。

（4）不将证件及信用卡交给用人单位保管，不要有"撒大网捞小鱼"的心理，要有选择地投递简历，对自身资料要加强保密。

（5）如果通过中介机构求职，一定要坚持中介机构先开具正规发票，然后付费。

（6）前往面试时打电话告知亲友、老师或同学所要面试的地点。

初入职场的毕业生都会对自己未来的职业充满美好期待,都希望能找到展现自己能力的舞台。但是大家在求职过程中,一定要提高防范和应对意识,避免造成不必要的伤害和损失。

课堂训练

谨防招聘广告诈骗

酒店管理专业毕业生李某看到街头张贴的小广告说某五星级大酒店招聘前台接待员,就按广告上留下的手机号码联系上了酒店的"人力资源部主任",对方简单问了几个问题后,就让她第三天上午8点到酒店面试。李某如约前往,到了9点还不见人影,正要到酒店人力资源部问个究竟时,她的电话响了,那个"主任"告诉她已经悄悄观察过了,并且经过一个小时的观察,觉得她的形象气质都很适合这个岗位,因此决定录用她了,但要她将300元服装费汇到一个卡号上,下周一就可以上班。李某兴高采烈,按要求汇了钱。过了两天,那个"主任"又来电话说酒店要进行专门培训,需要交2 000元培训费。李某对这份工作很满意,就又汇了2 000元到那个账号上。过了一天,"主任"又通知她交押金5 000元,不然不能上班。李某这才感到可能受骗了,赶紧到酒店人力资源部询问,结果让她大吃一惊:酒店根本没有招聘这回事。

思考并回答:

这是典型的利用招聘广告诈骗的案例,我们应从哪些方面提高自己的防范能力?

【延伸阅读】——《劳动法》《就业蓝皮书:2020年中国高职生就业报告》《趋势的力量》《国家就业政策汇编》

参考文献

[1] 彭贤,马恩. 大学生职业生涯规划活动教程[M]. 北京:清华大学出版社,2010.

[2] 金树人. 生涯咨询与辅导[M]. 北京:高等教育出版社,2016.

[3] 胡庭胜,廖锋. 预则立:大学生职业发展指导教程[M]. 北京:商务印书馆,2018.

[4] 马库斯. 弗洛伊德传[M]. 顾牧,译. 北京:人民文学出版社,2011.

[5] 里尔登,等. 职业生涯发展与规划[M]. 侯志瑾,伍新春,等译. 北京:高等教育出版社.2005.

[6] 史密斯. 高效能人士的时间和个人管理法则[M]. 张万伟,魏聪,译. 北京:中国青年出版社,2013.

[7] 陈宇. 技能振兴:战略与技术[M]. 北京:中国劳动社会保障出版社,2009.

[8] 古典. 你的生命有什么可能[M]. 长沙:湖南文艺出版社,2014.

[9] 徐桂萍,阮丽峥. 大学生职业生涯规划与就业指导[M]. 北京:中国原子能出版社,2017.

[10] 刘永芳. 管理心理学[M]. 北京:清华大学出版社.2008.

[11] 谢守成. 大学生职业生涯发展与规划[M]. 武汉:华中师范大学出版社,2009.

[12] 陈光德,廖锋. 适则成:大学生职业适应与就业指导[M]. 北京:商务印书馆,2018.

[13] 王莹,王玉君,丛婵娟. 大学生职业生涯规划[M]. 北京:清华大学出版社,2019.

[14] 王长青. 大学生职业生涯规划与发展[M]. 南京:南京大学出版社,2017.

[15] 邹振栋. 大学生职业生涯规划与就业创业指导[M]. 西安:西安电子科技大学出版社,2021.

[16] 陈金山. 大学生就业指导与职业生涯规划[M]. 武汉:武汉大学出版社,2016.

[17] 蒲波,王曦,张璐,等. 大学生职业发展与就业指导[M]. 北京:清华大学出版社,2021.

[18] 刘周,郭斌,张坤. 大学生职业生涯规划与就业指导(微课版)[M]. 北京:人民邮电出版社,2021.

[19] 张劲松,李莉. 大学生职业生涯规划[M]. 北京:科学出版社,2016.

[20] 李教社. 大学生职业生涯规划(就业指导与创新创业篇)[M]. 北京:北京理工大学出版社,2021.

[21] 李品林. 大学生职业生涯规划与就业指导[M]. 北京:科学出版社,2021.

[22] 黄跃林,甘佳荫. 大学生生涯规划与就业指导[M]. 长沙:湖南大学出版社,2021.

[23] 邹渝,张雪松. 大学生职业生涯规划与就业指导手册[M]. 北京:中国经济出版社,2020.

[24] 张雪霞,李亚利. 大学生职业生涯规划实训指导[M]. 北京:北京理工大学出版社,2020.

[25] 夏侯建兵. 大学生职业生涯规划与就业指导[M]. 厦门:厦门大学出版社,2020.

[26] 刘益迎,李德静. 大学生职业生涯规划与就业指导[M]. 大连:大连海事大学出版社,2020.

[27] 杜林致,闫京江,柴民权. 大学生职业生涯规划[M]. 兰州:兰州大学出版社,2020.

[28] 施佩刁,宋新辉. 大学生职业生涯规划与就业指导[M]. 北京:北京邮电大学出版社,2020.

[29] 胡苏姝,罗旭,贺玉兰. 高职大学生职业生涯规划(微课版)[M]. 北京:人民邮电出版社,2020.

[30] 杨洪,秦晓燕. 大学生就业指导[M]. 北京:人民邮电出版社,2019.

[31] 杨彬,王沛然,李小红. 大学生就业指导[M]. 3版. 北京:人民邮电出版社,2019.

[32] 王宏斌. 大学生职业规划与就业指导[M]. 西安:西安交通大学出版社,2014.

[33] 教育部办公厅关于印发《大学生职业发展与就业指导课程教学要求》的通

知[EB/OL].（2008-01-16）. http://www.moe.gov.cn/s78/A08/moe_745/tnull_11260.html.

[34] 中共中央办公厅 国务院办公厅印发《关于进一步引导和鼓励高校毕业生到基层工作的意见》[EB/OL].（2017-01-24）. http://www.gov.cn/zhengce/2017-01/24/content_5163022.htm.

[35] 教育部关于做好2021届全国普通高校毕业生就业创业工作的通知[EB/OL].（2020-12-01）. http://www.moe.gov.cn/srcsite/A15/s3265/202012/t20201201_502736.html.

[36] 顾明远.教育大辞典[M].上海：上海教育出版社，1999.

[37] 中华人民共和国教育部高等教育司.普通高等学校本科专业目录和专业介绍(2012年)[M].北京：高等教育出版社，2012.

[38] 夏征农，陈至立.辞海[M].6版.上海：上海辞书出版社，2010.

[39] 范东亚，谭荣.大学生职业生涯规划与创新创业教育[M].重庆：重庆大学出版社，2019.

[40] 刘雪芬.大学生就业与创业指导[M].北京：人民邮电出版社，2015.

[41] 谢宝国，赵一君，杨光萍.大学生涯规划与职业发展[M].2版.北京：教育科学出版社，2018.

[42] 张普权.大学生职业生涯规划与就业指导[M].上海：上海交通大学出版社，2015.